COLETTE

Tous droits de reproduction, de traduction et d'adaptation réservés pour tous pays, y compris l'U.R.S.S.
Copyright by " ÉDITIONS UNIVERSITAIRES " 1956

MARIA LE HARDOUIN

COLETTE

CLASSIQUES DU XXe SIECLE
Editions Universitaires
72, boulevard Saint-Germain
PARIS

PQ
2605
.O28
Z7

CHRONOLOGIE

28 janvier 1873   Naissance de Sidonie-Gabrielle Colette à Saint-Sauveur-en-Puisaye (40 km d'Auxerre). Elle est donc la cadette de Claudel (né en 1868), de Gide (1869), de Valéry (1871); elle est la contemporaine de Proust (1873), et l'aînée de Bernanos (1888).

Son père :

Jules Colette est né en 1829. Officier de carrière, blessé en 1859 en Italie, amputé d'une jambe. Mis à la retraite, devient percepteur à Saint-Sauveur, épouse Sidonie Landoy, veuve Robineau. Meurt à Châtillon-Coligny (Yonne) en 1905.

Sa mère :

Sidonie Landoy, née à Paris en 1835 (son père, surnommé « Le Gorille » était quarteron), vécut chez ses frères, en Belgique, avant son mariage. D'un premier mari, Jules Robineau, propriétaire à Saint-Sauveur-en-Puisaye, elle a eu deux enfants. Veuve à trente ans, elle épouse l'année suivante Jules Colette dont elle a : Léo en 1868 et Colette en 1873. Elle meurt à Châtillon-Coligny en 1912.

Colette suit les cours de l'école communale à Saint-Sauveur, village décrit dans *Claudine à l'école, Les Vrilles de la Vigne, La Maison de Claudine, Sido*.

1889   Brevet élémentaire à Auxerre; les péripéties de l'examen, assez romancées, semble-t-il, sont rapportées dans *Claudine à l'école*.

1890   A la suite d'opérations financières malheureuses, la famille quitte Saint-Sauveur et s'installe à Châtillon-Coligny.

1893   A vingt ans, Colette épouse Henry Gauthier-Villars (Willy) âgé de trente-quatre ans. Le jeune ménage s'installe à Paris, 28, rue Jacob.

1895 et 1896   Deux voyages en Allemagne, dont un à Bayreuth, décrit dans *Claudine s'en va;* un voyage à Belle-Ile-en-Mer.

1895   Pèlerinage avec Willy à Saint-Sauveur.

1896   Colette commence à rédiger ses souvenirs à l'instigation de son mari. Son premier livre, *Claudine à l'école*, paraît en 1900 sous la signature de Willy. Dans les trois années qui suivent, elle publiera *Claudine à Paris, Claudine en Ménage, Claudine s'en va*.

1904 Colette publie sous son seul nom : *Dialogues de Bêtes*.

1906 Divorce de Colette. Dans l'obligation de gagner sa vie, elle se fait mime sous la direction de Georges Wague, et débute au Moulin-Rouge dans un spectacle qui fit scandale. Tournées en province où elle joue plusieurs mimodrames : *La Chair, L'Emprise, Le Désir, L'Amour et la Chimère, L'Oiseau de Nuit* (cette période de sa vie sera décrite dans *La Vagabonde* et *L'Envers du Music-Hall* (1913).

1912 Colette épouse en secondes noces Henry de Jouvenel (rédacteur en chef du *Matin*), dont elle aura en 1913 une fille, Bel Gazou. Elle publie dans *Le Matin* des contes, des chroniques et des comptes rendus de théâtre. L'ensemble de ces écrits est groupé dans plusieurs recueils : *Dans la Foule, Aventures Quotidiennes, Les Heures Longues*, écrites pendant la guerre de 1914. *Chéri* parait en 1920, *Le Blé en Herbe* en 1923, *La Fin de Chéri* en 1926, *La Naissance du Jour* en 1928. De 1934 à 1938 elle publie *La Jumelle Noire*, recueil de chroniques théâtrales, précédemment parues dans *Le Journal*.

1935 Colette (divorcée en 1924) se remarie avec Maurice Goudeket.

1936 Elle est reçue à l'Académie Royale de Belgique. Son discours de réception est consacré à l'éloge d'Anna de Noailles, dont elle fait un portrait inoubliable.
Pendant l'occupation, elle habite le Palais-Royal. Maurice Goudeket est arrêté quelques mois par la Gestapo et interné à Compiègne.

1944 Membre de l'Académie Goncourt.

1946-1949 Elle publie deux de ses plus beaux livres : *L'Etoile Vesper* et *Le Fanal Bleu*.
Ses *Œuvres complètes* paraissent en 1948.
A partir de 1949, Colette est presque complètement immobilisée par une douloureuse arthrite.

1953 Grand Officier de la Légion d'honneur.
Le cinéma la découvre : *Gigi, L'Ingénue Libertine, Julie de Carneilhan, Chéri* et *Le Blé en Herbe*, sont portés à l'écran. Au théâtre, reprise éclatante de *Chéri*, création de *La Seconde* et de *La Fin de Chéri*.

1954 Colette meurt le 3 août. Le Gouvernement lui fait des obsèques officielles civiles au Palais-Royal.

AVANT-PROPOS

A la différence des écrivains réellement romanesques, c'est-à-dire parfaitement objectifs, un Balzac par exemple, qu'on rencontre à peine dans ses ouvrages, Colette, elle, est présente dans chacun de ses livres. Moins peut-être par le fait qu'elle s'est parfois transposée en certaines de ses héroïnes que par la manière dont elle a campé, ou plutôt assumé les êtres qui servirent de prétexte à son inspiration. Qu'elle se soit intéressée à certains types d'individus, et non d'autres, cela est significatif. Aussi devons-nous la classer parmi les auteurs qui, à travers leur œuvre romancée, apportent un témoignage d'eux-mêmes.

Un Camus, un Malraux, appartiennent aussi à cette famille d'écrivains dont la personnalité se fait jour à travers leurs écrits. Mais leurs idées trouvent un prolongement dans une interrogation générale relative à la condition humaine. Y a-t-il ou n'y a-t-il pas un sens à cette destinée ? Pour Colette qui s'est toujours défendue d'être un écrivain « à idées », ces questions ne sont même pas implicitement posées. Seuls l'intéressent les rapports que les humains entretiennent avec la vie la plus quotidienne. A son sens, « l'aventure humaine » c'est celle du désir qui pousse les individus les uns vers les autres, à travers les affres d'une sensibilité toujours contradictoire, « la terre des hommes » c'est le lieu privilégié où l'on a chance de faire les plus belles rencontres de bêtes et de plantes. Le dialogue que nous entamons avec un écrivain aussi subjectif est bien celui de la sympathie ou de l'antipathie. Mais quelque réserve que l'on puisse formuler à son égard, il est impossible de ne pas éprouver une sorte d'enthousiasme pour sa langue si savante et si simple, qui, nous dévoilant les choses sous un angle demeuré jusqu'alors inconnu, semble réellement les faire accéder à l'existence pour la première fois.

I

INSTANTANES

> « *Il faut du temps à l'absent pour prendre sa vraie forme en nous. Il meurt, il mûrit, il se fixe.* »
> (SIDO).

Il y a plusieurs Colette. Chacun élit celle qui lui paraît la plus semblable à lui, à moins que, se contentant d'aperçus superficiels de son œuvre, il s'en tienne aux épithète de « sensuelle » et de « païenne », qui servent trop souvent à la caractériser de façon sommaire.

Pour ceux qui l'ont à peine lue et qui ne la saisissent qu'à travers sa célébrité, Colette est surtout l'auteur des *Claudine*, c'est-à-dire un écrivain libertin ou du moins entaché d'une certaine amoralité, que les milieux décrits dans *Chéri* et *La Fin de Chéri* ne font que confirmer. Pour d'autres lecteurs elle est le poète des *Dialogues de Bêtes* et de la nature en général, un François d'Assise, moins la sainteté. Pour d'autres encore, c'est la fervente de Saint-Tropez, de la lumière et des odeurs du midi, ou la gastronome, qui, de livre en livre ne craint pas de nous confirmer que manger fut pour elle, toujours, une fonction importante. Mais pour la plupart des lecteurs, elle est la romancière qui, de *La Vagabonde* à *Julie de Carneilhan*, traite de l'éternel malentendu qui oppose ces deux ennemis héréditaires, l'homme et la femme, d'autant plus acharnés dans leur sourde inimitié que chacun ne peut vivre ni avec ni sans l'autre.

Enfin, il y a ceux qui recherchent surtout la Colette qui parle sur un ton presque confidentiel, celle qui apparaît dans *La Naissance du Jour,* ou la méditative, la stoïcienne, qui assume pleinement le rôle de la première personne dans *L'Etoile Vesper* ou *Le Fanal Bleu.*

Sous tant de diversité, il existe pourtant des invariants fondamentaux, réellement constitutifs de son caractère, qui expliquent son œuvre et qui la déterminent. Ce sont ces invariants qui je m'efforcerai de définir. C'est cette personnalité singulièrement présente telle qu'elle se propose au hasard de tant de pages que je voudrais dégager. Plus vraie que celle qui vécut journellement parmi les hommes, elle seule se sera trouvée jouer gagnante ou perdante au jeu mystérieux de la gloire.

★

... Colette, je ne l'ai pas connue ; je n'ai fait que l'apercevoir à la sortie d'un théâtre, lors d'un des derniers spectacles auquel elle put assister, grâce à ce qu'elle nommait « ce divertissement un peu amer, fauteuil d'infirme ». Consciente de la curiosité qu'elle provoquait, elle tenait la tête très droite, afin d'éviter les regards. De profil, je n'aperçus qu'un menton aigu et l'extraordinaire broussaille en nid de pie de sa chevelure qui lui mangeait le tiers du visage. Un instant je surpris l'éclat de l'œil gris, sous la paupière crayonnée de fard, et les mitaines de taches sombres dont l'âge avait revêtu les mains, encore dodues qui s'agrippaient aux accoudoirs. Etrange figure de poupe qui regardait se refermer sur elle le sillage d'une vie presque à bout de course ! Valéry a pu affirmer que nous entrons à reculons dans l'avenir. C'est ainsi qu'au moment où je saisis Colette, elle commençait déjà, à reculons, son voyage dans la postérité.

★

N'était-ce pas hier, pourtant, qu'elle était encore cette mince jeune fille, se balançant dans un hamac, en robe marin, telle que nous la montre une photographie de son adolescence ? Que sont donc devenues les fortes cordelettes de ses tresses luisantes qui serpentaient jusqu'à mi-jambes, et ses mains fluides et blanches ?

Une autre photographie, tirée celle-là à des milliers d'exemplaires, nous a familiarisé avec ce qui devait être, sous un crépitement de cheveux gris, le dernier visage de Colette. Assise à sa table de travail, une écharpe de mousseline nouée autour du cou, elle tient les paupières abaissées sur la page où elle va commencer d'écrire. Mais pourquoi permettre à cette Colette là de prendre le pas sur toutes celles qui l'ont précédée ? C'est le frais visage, à la fois attentif et nonchalamment ensommeillé, c'est le sourire à peine indiqué que nous voulons interroger, comme il interrogea lui-même inlassablement la vie. C'est à la jeune fille à demi-étendue dans son hamac et déjà en mystérieuse résonance avec tout l'univers, que nous voudrions nous adresser. Car c'est elle qui tenait en réserve la quarantaine de volumes que plus d'un demi siècle de travail et d'une rigueur admirables devaient amener lentement au jour, en dépit de ce qu'elle devait nommer — sans réussir pour autant à nous convaincre — son non-désir d'écrire initial, son absence de vocation.

C'est ce délégué extraordinaire que la Nature dépêcha au devant de nous pour nous faire accéder à sa riche et profonde intimité, c'est cet être en bourgeon qui détenait seul la clé du mystère, le secret du génie, que nous aimerions découvrir.

II

PREMIERE FORMATION

L'Enfance — Sido — Le Milieu familial

> « *Maison et jardin vivent encore, je le sais, mais qu'importe, si la magie les a quittés, si le secret es perdu qui ouvrait... un monde dont j'ai cessé d'être digne. ?...* »
>
> La Maison de Claudine.

Or cet être de la quinzième ou de la seizième année, quel était-il ? Terroir, milieu familial, influence, c'est vers eux que nous devons nous tourner quand il s'agit d'expliquer les circonstances qui favorisent l'apparition d'un tempérament ou d'un art exceptionnel. Sans la maison de Saint-Sauveur en Puisaye (le Montigny des *Claudine*), sans les bois de Fredonnes, sans le dessin de certaines collines, sans « cette vallée étroite et solitaire comme un berceau » où elle nous dit avoir pendant seize ans « couché tous ses rêves d'enfant », sans cette mère d'un caractère réellement extraordinaire qui prend désormais place dans notre mémoire sous le nom de « Sido », Colette n'eût pas été Colette, cette force primordiale que la ville ne devait jamais réussir à déposséder complètement de ses puissances originelles.

« On ne guérit jamais de son enfance », a dit Léon-

Paul Fargue. Colette, pour notre enrichissement et sa plus grande chance de survie, ne devait jamais guérir de la sienne, tout entière contenue dans cette maison, où « les enfants (sa sœur-aux-longs-cheveux et ses deux frères aînés) ne se battaient point, où bêtes et gens s'exprimaient avec douceur... où trente années durant, un mari et une femme vécurent sans élever la voix l'un contre l'autre... » (1)

Le cadre qui nous sera immuablement proposé, Colette, en quelques traits, le met définitivement en place. « Point de chemin de fer dans mon pays natal, point d'électricité, point de collège proche, ni de grande ville. Dans ma famille, point d'argent, mais des livres. Point de cadeaux, mais de la tendresse. Point de confort, mais la liberté » (2).

Il suffit de quelques touches pour qu'aussitôt nous la voyons elle-même paraître, celle que nous appellerons déjà Colette, son nom de famille à consonance féminine étant destiné à se substituer un jour définitivement à ses prénoms de Sidonie-Gabrielle. Eprise de l'aube, que sa mère lui accordait parfois comme une récompense, elle descend le sentier sablonneux; il est trois heures et demie du matin, et elle a douze ans. Absolument solitaire, elle goûte sa suprématie d'enfant éveillé, alors que les autres dorment encore, un panier à son bras, contenant l'épaisse tartine de haricots rouges trempés dans du vin où ses dents « aux incisives toutes neuves » imprimeront la forme d'un croissant. C'est l'heure, dit-elle, « où je prenais conscience de mon prix, d'un état de grâce indicible et de ma connivence avec le premier souffle accouru, le premier oiseau, le soleil encore ovale, déformé par son éclosion... » (3).

Comment n'eût-elle pas été consciente de sa secrète valeur ? Sa mère ne l'a-t-elle pas laissée partir en la

---

(1) *Sido.*
(2) *Journal à Rebours.*
(3) *Sido.*

nommant : « Beauté » « Joyau-tout-en-or », et même « mon chef-d'œuvre » ? Si les compliments excessifs affadissent certains enfants, d'autres y puisent au contraire une confiance en soi et un orgueil salutaires. Comme nous l'imaginons bien, cette Reine de la Terre, ainsi qu'elle se nomme elle-même : « solide, la voix rude deux tresses trop serrées qui sifflaient autour de moi comme des mèches de fouet ; les mains roussies, griffées marquées de cicatrices, un front carré de garçon, que je cache à présent jusqu'aux sourcils... » (1). Favorisée de tous les prodiges qu'ignorent les enfants des villes, cette jeune Euménide sera aussi, tout à l'heure, l'écolière couronnée d'oiseaux: Deux hirondelles, en effet, l'accompagneront jusqu'à son école communale, soit nichées dans ses poches, soit plantées dans ses cheveux où « elles se cramponnent de toutes leurs serres courbes, couleur d'acier noir ».

Certes, elle lit beaucoup, elle a déjà beaucoup lu, puisque, dès l'âge de sept ans, la *Comédie Humaine* « n'avait plus de secrets » pour elle (2). A défaut des *Mémoires* de Saint-Simon, dont sa mère, fervente des auteurs du XVII°, s'étonnait qu'elle n'eût pas toujours, comme elle, quelque tome sur sa table de chevet, Labiche, Daudet, Mérimée, *Les Misérables* ont été déjà absorbés. Bientôt même, lâchée en liberté dans la bibliothèque paternelle, elle dérobera l'un des seuls auteurs qu'on s'efforçat de tenir encore hors de sa portée, et lira dans un ouvrage de Zola la description d'un accouchement avec un « luxe si cru et brusque de détails, une telle minutie anatomique » qu'elle en tombera évanouie sur le gazon, « molle comme un de ces petits lièvres que les braconniers apportaient, frais tués, dans

---

(1) *Les Vrilles de la Vigne.*
(2) Signalons au passage que les trois pages d'analyse qu'elle consacre à cette œuvre, dans *Mélanges*, sont d'une perspicacité et d'une profondeur qui ne peuvent qu'enchanter les amateurs de Balzac.

la cuisine », se sentant pour la première fois menacée dans son « destin de petite femelle » (1).

Mais à part cette alerte, due à une lecture précoce, où elle n'avait rien reconnu de sa « tranquille compétence de jeune fille des champs... : Amours des bêtes paissantes, chats coiffant les chattes comme des fauves leurs proies, précision paysanne, presque austère, des fermières parlant de leur taure vierge ou de leur fille en mal d'enfant » (2), rien encore n'est venu troubler le cours uniforme de ses jours. Par delà les curiosités intempestives, la vraie Colette c'est surtout « l'enfant silencieuse, que le printemps enchantait déjà d'un bonheur sauvage, d'une triste et mystérieuse joie (celle qu'elle devait retrouver, nous dira-t-elle dans l'*Etoile Vesper*, jusqu'aux printemps les plus avancés de sa vieillesse), une enfant qui échangeait ses jouets contre les premières violettes des bois, nouées d'un fil de coton rouge », et qui, bien à l'aise dans un corps harmonieux, goûte pleinement l'ivresse d'être incarnée. *La Maison de Claudine*, la maison de son enfance, qui vient jusqu'à nous portée comme une arche par l'intarissable flot du souvenir, c'est quelque chose d'analogue à cette jungle où fut élevé le « petit d'homme » enfanté par Rudyard Kipling, Mowgli-la-Grenouille. Sans doute Colette n'eut pas le privilège que, certes, elle eût par dessus tout apprécié, d'être élevée par Bagheera la Panthère ou par l'ours Balôo, mais cette maison où les serins confiants dérobent, au profit de leur couvée, quelques poils des chattes qui s'endorment parfois sur le haut de leur cage, où les matous respirent « d'un air absorbé » les violettes épanouies et s'en vont cueillir au potager les fraises les plus mûres, est le hâvre nourricier de toute bête domestiquée ou de passage. Là s'opère réellement le prodige d'une étroite

---

(1) Le mot mérite d'être relevé : des indications de ce genre, éparses dans le courant de son œuvre, nous permettent de comprendre que Colette a parfaitement assumé ce destin de femelle et qu'elle l'a même revendiqué.

(2) *La Maison de Claudine*.

fusion de la vie humaine avec la vie animale et la même sève qui parcourt et relie entre eux l'animal et le végétal, anime, nous dit Colette, son petit être « bien portant, excité et repu ».

Celle qui tient la clef de tous les prodiges c'est Sido, la figure maternelle, l'axe intérieur autour duquel se centra spirituellement Colette, la conscience à laquelle Colette devait se référer obscurément, sa vie durant, et qui lui permit de juger des faiblesses et des manques de sa propre conscience. Elle aussi s'appelle Sidonie, mais par la dévotion de l'être qui l'aima sans doute le plus au monde, son mari, le Capitaine Colette, c'est sous le diminutif tendre de *Sido* qu'elle viendra jusqu'à nous.

Parler de Sido c'est déjà parler de Colette. Rarement vit-on deux êtres plus proches, sinon par l'esprit, du moins par le tempérament. Pourvoyeuse inlassable des humains, des bêtes et des plantes, la préoccupation incessante de Sido c'était : « ne peut-on sauver cette femme ? Il faut soigner cet enfant. Je ne peux pourtant pas tuer cette bête... » (1). Mais il y avait en même temps chez cet être quelque acquiescement à première vue paradoxal, à la loi d'inexorable carnage de la Nature. La Vie, sous quelque forme que ce fût, l'enchantait à tel point qu'elle eût parfaitement admis l'indifférence jubilante d'un Civa, créant et détruisant indistinctement des mondes. Une anecdote illustre cette tendance particulière de son esprit. Un matin Colette surprend sa mère immobile la tête levée vers le ciel comme pour quelque étrange incantation. « Un merle noir, oxydé de vert et de violet », est en train de se goberger de fruits que l'épouvantail avait précisément pour fonction de préserver : « Qu'il est beau ! » chuchote Sido « et tu vois comme il se sert de sa patte ?... Et cette arrogance ? Et ce tour de bec pour vider le noyau ?... Mais, maman, les cerises ! Sido ramena sur la terre ses yeux couleur de pluie. — Les cerises? Ah ! oui, les cerises... » ... « Dans ses yeux,

---

(1) *La Maison de Claudine.*

continue Colette, passa une sorte de frénésie riante, un universel mépris, un dédain dansant qui me foulait avec tout le reste, allègrement. Ce ne fut qu'un moment, — non pas un moment unique. Maintenant que je la connais mieux, j'interprète ces éclairs de son visage. Il me semble qu'un besoin d'échapper à tout et à tous, un bond vers le haut, vers une loi écrite par elle seule, pour elle seule, les allumait... Sous le cerisier, elle retomba encore une fois parmi nous, lestée de soucis, d'amour, d'enfants et de mari suspendus, elle redevint bonne, ronde, humble devant l'ordinaire de sa vie » (1).

Colette nous explique qu' « une candeur particulière inclinait sa mère à nier le mal, cependant que sa curiosité le recherchait et le contemplait, pêle-mêle avec le bien d'un œil émerveillé » (2). Ailleurs encore elle parlera « de la curiosité aveugle (de Sido) à palper avec ravissement le « bien » et le mal », et de son art à rebaptiser selon son code, de vieilles vertus empoisonnées, et de pauvres péchés qui attendent depuis des siècles leur part de Paradis » (3).

Si j'insiste sur cette attitude de Sido, c'est que nous la retrouverons identique chez sa fille. Pour Colette non plus, rien n'est mauvais qui relève de l'ordre de la Nature; le mal sera seulement ce qui est antinaturel et qu'elle nommera vice. C'est à cela que se ramène sa seule éthique (4).

La curiosité est, avec l'émerveillement, le pain spirituel dont se sustente l'âme de Sido. « Sous certains insi-

---

(1) *Sido.*
(2) *La Maison de Claudine.*
(3) *La Naissance du Jour.*
(4) « Je prends un amant, sans amour, simplement parce que je sais que c'est mal : voilà le vice. Je prends un amant que j'aime, ou simplement que je désire, c'est la bonne loi naturelle et je me considère comme la plus honnête des créatures. Je résume : le vice, c'est le mal qu'on fait sans plaisir ». *(Claudine en Ménage).* Il semble donc que pour Colette, le mal ne s'introduise que là où apparaît l'esprit, l'esprit étant le raffinement impur, l'unique principe de corruption.

gnes, écrit Colette, un pince-nez, deux pince-nez, une paire de lunettes, une loupe, ma mère était la découverté ». Aussi son maître-mot, celui qui résume presque tout son programme d'éducation, c'est : *Regarde !* Colette ne devra jamais l'oublier ; bien plus tard, à la fin de sa vie, elle nous dira : « Nous ne regarderons jamais assez, jamais assez juste, jamais assez passionnément » (1). Toute son enfance s'enroulera autour de cette injonction : « Regarde la première pousse du haricot, le cotylédon qui lève sur sa tête un petit chapeau de terre sèche... Regarde la guêpe qui découpe, avec ses mandibules en cisailles, une parcelle de viande crue... Regarde la couleur du ciel au couchant, qui annonce grand vent et tempête. Qu'importe le grand vent de demain, pourvu que nous admirions cette fournaise d'aujourd'hui, (Toujours cet acquiescement aux mille et une merveilles contradictoires de la Nature. Ne savons-nous pas du reste que, par les fameux jours de grand vent, quand « l'ouest bourré de nues » crevait en flocons, Sido s'armait d'une loupe cerclée de cuivre, afin de contempler les cristaux finement ramifiés de la neige). Regarde, vite, le bouton de l'iris noir est en train de s'épanouir ! Si tu ne te dépêches pas, il ira plus vite que toi... » (2).

Recommandation parfois périlleuse, et que l'enfant ne devait pas se faire répéter deux fois. Il arrivait que les godets rouges, emplis d'une terre meuble, où sa mère avait mis en sommeil quelque plante rare dont il fallait tenir secrète la maturation, fussent fouillés par de petits doigts impatients et meurtriers, puisque, nous dit Colette : « déjà je cherchais, enfant, ce choc, ce battement accéléré du cœur, cet arrêt du souffle : la solitaire ivresse du chercheur de trésor » (3).

Cette curiosité héréditaire devait toujours la vivifier. A plus de cinquante ans, elle nous fera cette confidence : « Il s'agit d'une curiosité, toujours la même, qui me

(1) *De ma fenêtre.*
(2) *Journal à Rebours.*
(3) *Sido.*

conduit indifféremment à visiter tour à tour la femme-à-la bougie, le chien-qui-compte, un rosier à fruits comestibles, le docteur qui ajoute du sang humain à mon sang humain, que sais-je encore ! Si cette curiosité me quitte, qu'on m'ensevelisse, je n'existe plus » (1).

A travers Sido, ce n'est pas seulement la curiosité ou la passion de l'émerveillement qui lui est transmise, mais l'influence d'un sang plus jeune, plus vif, plus allègre que le nôtre, auquel il semble qu'on n'ait pas suffisamment prêté d'attention. Sido, pourtant, ne se cachait pas d'avoir eu pour père un « coloured-gentleman ». Elle donnait elle-même à ce père inattendu, importateur de cacao en Belgique, son surnom de « Gorille » qu'elle lui avait jadis entendu décerner, et montrait avec complaisance, sur le mur de sa chambre, un certain daguerréotype où se voyait, dit Colette, « le portrait en buste d'un nomme de couleur — quarteron, je crois —, haut cravaté de blanc, l'œil pâle et méprisant, le nez long au-dessus de la lippe nègre qui lui valut son surnom ». Ce grand-père maternel de Colette, « aux ongles violets », c'est le précieux apport d'un mélange de sang qui peut se révéler si fécond en certains individus, c'est la fraîcheur d'impression, l'ingénuité de vision d'une race pour qui existence et manifestation sont une seule et même chose, et qui tient à la nature sans intermédiaire. L'atavisme du sang coloré n'est pas loin ; nous en trouvons encore des crêtes, des points d'affleurement chez Sido, ne fût-ce que dans cette étrange scène, surprise par la petite Colette de douze ans, quand elle voit sa mère, se livrant semble-t-il, à une incantation magique, girer sur elle-même comme un derviche tourneur, en serrant ses flancs et gémissant sourdement, pour doubler dans son effort le travail d'enfantement de sa fille aînée, l'ingrate Juliette, qui a rompu toutes relations avec sa famille depuis son mariage, mais dont le vent apporte les plaintes par-dessus le mur du jardin. Cette façon de mimer le drame, d'y participer plus, peut-être par le corps

1) *Sido.*

que par l'esprit, ce tournoiement quasiment hypnotique, c'est bien la réapparition d'un principe à la fois très ancien et très obscur.

Quand Sido commence à s'imposer à notre attention, à travers l'amour évocateur que lui porte sa fille, ce n'est plus la jeune femme blonde « à grande bouche et à menton fin, les yeux gris et gais », qu'elle avait été jadis. C'est une femme d'une cinquantaine d'années, qui a perdu tous les attributs de sa jeunesse. Nous l'entendons lancer son appel au jardin : « Les enfants. Où sont les enfants ? », brandissant dans les airs le papier jaune de la boucherie par lequel elle espère rallier du même coup autour d'elle ses chiens et ses chattes. Plus elle avance dans l'œuvre de Colette, plus elle vieillit et mieux elle se cerne. Viendra un temps où nous la saisirons sous ses traits définitifs « avec sa petite natte grise de septuagénaire retroussée en queue de scorpion sur la nuque », vêtue de son uniforme de bonne ménagère, cette robe de satinette bleue pincée à la taille, formant gousset sur la poitrine dont Colette ne devait jamais se séparer (1). C'est alors que s'échapperont de sa bouche tant de propos sagaces qui annoncent les paroles que sa fille tiendra un jour sur ce même sujet : « On a bien du mal à conserver les caractéristiques d'un sexe, passé un certain âge... Tu comprendras plus tard que jusqu'à la tombe on oublie à tout instant la vieillesse. La maladie même ne vous contraint pas à cette mémoire-là. Je me dis à chaque heure : « Je vais mourir ce soir, demain, n'importe... ». Mais je ne pense pas toujours au changement que m'a apporté l'âge. Et c'est en regardant ma main que je mesure ce changement. Je suis tout étonnée de ne pas trouver, sous mes yeux, ma petite main de vingt ans... » (2).

Quant à la maladie, nous savons que Sido l'avait toujours eue en horreur, et qu'elle avait trouvé naturel de

---

(1) Elle devait employer l'un des morceaux de cette robe à relier le manuscrit de *Sido*.
(2) *La Maison de Claudine*.

transmettre cette horreur, intacte, à sa fille. Elle ne s'était pas étonnée, lorsque, demandant à une petite Colette de dix ans d'aller porter des fleurs à une voisine souffrante, elle l'avait vue reculer d'un saut, « renâclant comme une bête devant l'odeur et l'image de la maladie ». Retenant un instant Colette par « la rêne » d'une de ses tresses, Sido avait montré soudain, « bondissant hors de son visage quotidien, un visage sauvage, libre de toute contrainte, de charité, d'humanité » et elle avait eu ces étranges paroles de connivence : « Tais-toi ! Je sais, moi aussi, mais il ne faut pas le dire, il ne faut jamais le dire ! » (1). Ici encore, ne sentons-nous pas bouger un très ancien atavisme, l'horreur du primitif pour la maladie et pour la mort ?

Lorsque la maladie commença à l'atteindre, longtemps elle refusa de lui concéder sa place. Luttant à sa manière contre ses forces déclinantes, elle se leva au contraire de plus en plus tôt. « Elle montait et montait sans cesse sur l'échelle des heures, nous dira Colette, tâchant à posséder le commencement du commencement », toujours poussée de l'avant par « une force de vie jeune et malicieuse, telle qu'elle parvenait à séduire et à entraîner un corps déjà à demi enchaîné par la mort ».

Sur la mort de cette mère tant aimée, Colette ne nous dira rien. L'extrême pudeur de sentiment qui devait commander tous ses rapports avec elle, ainsi du reste qu'avec tous les êtres qui lui furent chers — « facilement tutoyeuse, nous confiera-t-elle, je suis plus familière que liante » — lui interdisait de livrer à ce premier venu qu'est le lecteur un des déchirements les plus douloureux qui l'ait atteinte. Nous apprendrons seulement, et de façon incidente (2), qu'ayant eu toute sa vie l'habitude d'écrire à sa mère, sinon tous les jours, du moins deux fois par semaine, des lettres « bourrées de nouvelles vraies et fausses, de descriptions, de vantardises, de riens, de moi, d'elle... » il lui fut bien difficile, vingt

(1) *La Maison de Claudine.*
(2) *Mes Apprentissages.*

ans même après la mort de sa mère, de maîtriser le réflexe qui la faisait s'attabler, durant un voyage, à un guéridon d'hôtel, et, jetant ses gants, « demander des cartes postales, avec des vues du pays comme elle les aimait » (1). « Pourquoi, du reste, m'arrêter à un obstacle aussi futile, aussi vainement interrogé que la mort ? », questionne Colette dans un des rares passages où elle effleure ce sujet, toujours évité dans ses livres.

Tout ce que nous dira Colette, c'est qu'elle avait été effrayée, lors d'un des derniers séjours de sa mère à Paris, en la voyant « très petite, amaigrie, fébrile dans sa gaîté ravissante, et comme poursuivie ». Mais comment eût-elle fait encore crédit à l'idée que pourrait bientôt mourir celle qui arrivait « porteuse de trois pots de groseille framboisée, des premières roses en boutons enveloppées d'un mouchoir humide, et d'un carton sur lequel étaient cousus les grains barométriques de la folle-avoine cornue »; celle qui projetait dans la même journée « d'aller acheter des graines de pensées, d'entendre un opéra-comique et de voir une collection léguée au Louvre » ? (2). Colette n'eut le pressentiment de la fin de sa mère que le jour où elle ne trouva plus, dès la première heure, le foyer allumé, dans la petite maison de Chatillon-Coligny et où la casserole bleue dans laquelle Sido faisait chaque matin bouillir son lait et fondre sa tablette de chocolat resta suspendue au mur. Mais par delà ces quelques notes sombres qui nous indiquent ce que dût être la fin d'un être — qui avait accoutumé de dire : « A mon âge, il n'y a plus qu'une vertu, ne pas faire de peine. » — court le grand accord rayonnant. cord parfait d'une personnalité que l'âge n'a jamais détrônée de ses pouvoirs.

---

(1) Nous pouvons rêver désormais à ce que devaient être ces lettres de Colette à Sido. Leur nombre s'élevait à plus de deux mille. Une main que nous voulons croire bien intentionnée, mais qui fut, pour le moins malencontreuse, les détruisit toutes, après la mort de Sido.

(2) *Lune de Pluie.*

Aussi, lorsque nous pensons à Sido qui réussit le tour de force de résorber en un tout harmonieux bien des éléments contradictoires de sa nature, c'est pour la voir, telle que nous la peignit Colette au temps de sa surabondance, sous l'apparence d'une créature « balayée d'ombre et de lumière, courbée sous des tourments, résignée, changeante et généreuse, parée d'enfants, de fleurs et d'animaux comme un domaine nourricier » (1).

★

...Nourricière, Sido le fut effectivement, et à un point tel que si nous n'avions l'exemple des deux autres fils et celui de la fille aînée Juliette-aux-longs-cheveux, nous pourrions presque croire qu'il suffisait d'être son enfant pour devenir cet écrivain, dont le plus sûr, le plus inaltérable du génie, devait résulter d'une entente profonde avec la nature et les bêtes.

Or les exemples des trois autres enfants nous prouvent le contraire. Le cas même de Juliette, la fille du premier mari de Sido, « l'agréable laide aux yeux thibétains », témoigne qu'on pouvait demeurer absolument imperméable à tant d'éléments favorables.

« L'Etrangère », c'est ainsi que Colette nomme cette sœur à l'inattendue paupière kalmouke, affligée d'une pilosité anormale, puisque sa nuque, ses oreilles, « tout ce qui était chair blanche un peu anémique, semblait condamné d'avance à l'envahissement des cheveux ». Toujours enfermée dans sa chambre, lisant indistinctement à la clarté du soleil ou de la bougie, quand ce n'était pas à celle de simples allumettes craquées contre le mur, Juliette, les yeux gros d'insomnie, dédaignait l'exubérance et les jeux de plein air. Elle ne se liait d'amour ou d'amitié qu'avec les héros de ses livres. Un mariage malencontreux devait mettre un terme aux relations insolites qu'elle avait entretenues avec sa famille.

(1) *La Maison de Claudine.*

Bien que continuant d'habiter le même village elle s'enfuyait comme une gamine qui craint une gifle chaque fois qu'il lui arrivait de rencontrer cette même Sido qui était sa mère, à elle aussi après tout. Cette monomane de la lecture devait parvenir jusqu'à nous, grâce à la description inoubliable que Colette a fait de sa chevelure. Nous conservons l'image de ses tresses d'une longueur et d'une épaisseur anormale, qui démanchaient les bras de Sido chaque fois que, munie d'un attirail de peignes et de brosses, il lui fallait coiffer Juliette. « Un rideau noir, à mesure que ma mère défaisait les tresses, nous dit Colette, cachait le dos; les épaules, le visage et la jupe disparaissaient à leur tour, et l'on n'avait plus sous les yeux qu'une étrange tente conique, faite d'une soie sombre à grandes ondes parallèles, fendue un moment sur un visage asiatique, remuée par deux petites mains qui maniaient à tâtons l'étoffe de la tente » (1).

Absorbée par les péripéties de son rêve intérieur, c'est sous cet étrange abri qu'elle demeure, telle que l'a fixée à jamais pour nous l'art de sa sœur. Hormis cette profusion capillaire qui nous fait songer à quelque peuplade primitive et sauvage, rien n'a survécu de Juliette, qui poursuivit sous le même toit, mais à des distances infinies de Colette, sa révolution d'astre solitaire.

Mais les deux autres ? Les « sauvages », ainsi que les nommait Sido, « les deux garçons aux pieds légers, osseux, sans chair superflue » qui devaient influer, eux, sur la nature de Colette, en la confirmant dans ses propres tendances de sauvagerie et son goût de la solitude, que devaient-ils devenir ? « Achille, l'aîné, serait médecin, prédisait Sido et quant à Léo... Hé bien, Léo, lui ne pourrait pas échapper à la musique ».

A l'heure où il commence à vivre pour nous, mêlé

---

(1) *La Maison de Claudine.*

aux souvenirs d'une Colette de moins de dix ans, Achille, qui devait bientôt quitter Saint-Sauveur pour commencer ses études de médecine à Paris, était encore un adolescent de dix-sept ans. Beau, les cheveux châtains, les yeux pers, de la même nuance que les yeux de Colette, il ne souriait qu'à sa famille et à quelques jolies filles. Le cadet, toujours coiffé à la « mal content », les yeux pâles, ne se souciait que de montres et de musique, et suivait loin hors du bourg les chanteurs et joueurs de violon ambulants, quand il ne démontait pas quelque horloge municipale, toujours curieux du mouvement des aiguilles.

Tous deux d'une insociabilité intraitable, ils n'admettaient que Colette dans leur intimité immédiate. Elle suivait leurs courses à grandes enjambées dans les bois, mais s'écartait parfois, « en chien qui chasse seul et n'a de comptes à rendre à personne ». Lorsque Colette nous confiera plus tard qu'elle doit à la fréquentation du chat d'avoir appris à se « taire longuement », elle aurait pu faire remonter cet entraînement aux jeux qui avaient été siens, jadis, avec ses frères, jeux qui comportaient une sorte de silence obligatoire. Sido inquiète pouvait bien pousser dans le jardin son cri de ralliement : « Les enfants ? Où sont les enfants ? ». Les sapins solennels, demeures particulières des deux aînés, se gardaient de répondre, ni la haie de lilas derrière laquelle brillait un fin visage triangulaire qui n'était pas sans analogie avec celui d'un renard ou d'un chat. Trois mots viennent sous la plume de Colette lorsqu'il s'agit de définir le lien, à la fois si sensible et si lâche, qui les unissait : réserve, discrétion, liberté. Telles étaient les vertus dont « les sauvages » usaient entre eux. Des deux garçons, sans doute Colette préférait-elle Achille, celui qui, bien que seulement son demi-frère, — « mais frère tout entier par le cœur, le choix, la ressemblance », mérita de se voir nommer par elle : l'aîné sans rivaux. Précocement usé par son dur métier de médecin de campagne, parcourant nuit et jour, en carriole, les routes de son petit pays, faisant vivre difficilement sa femme et ses enfants, et soutenu seulement par le goût de la musique, une curiosité envers les bêtes et les plantes qu'il tenait lui aussi de sa mère, Achille Robineau, on doit le reconnaître, n'eut pas un destin exceptionnel.

★

Et l'autre ? Le cadet, Léo ? Celui dont on croyait qu'il ne pourrait échapper à la musique ? Il se trouva, au contraire, qu'il échappa successivement à tout, aux études de pharmacie, aux emplois qu'on lui assigna, aux responsabilités qu'on voulut lui faire endosser. Qu'y a-t-il de plus triste qu'un « vieux sylphe » (1) ? C'est ainsi que Colette finira par le nommer, « un sylphe sexagénaire à moustache blanche », dont on se demande pourquoi il s'est résolu à habiter la ville plutôt qu'à demeurer dans un taillis d'une forêt de son enfance. « Vieux elfe aux ailes collées de pluie », le voyons-nous assez, quand, enveloppé de son pardessus « vide, ensorcelé et vagabond » il se décide à venir passer quelques instants chez sa sœur, le soir, non pour s'entretenir du présent, mais, après avoir ouvert sa montre et avoir contemplé longuement comme jadis la marche des aiguilles, pour lui parler de quelque événement minime de leur enfance, seul temps d'avant son âge d'homme où il avait été réellement au monde. Sa formidable mémoire, qui à l'inverse de celle de sa sœur, joue comme un frein malencontreux, lui restitue, dans leurs moindres détails, telle promenade de jadis, tel jardin, et jusqu'au son musical d'une grille rouillée qui en s'ouvrant, ferait entendre une gamme étrange. Vains pèlerinages d'une pensée restée à l'attache d'un ancien piquet dont elle ne peut se déprendre, incapacité à porter le fruit d'une réussite quelconque dans le réel, ce ne fut décidément pas non plus un accomplissement bien éclatant que celui de Léo.

★

(1) *Sido*.

Reste donc bien en cause le seul destin de Colette. « Quant à la petite... » se demandait Sido, lorsqu'elle rêvait aux vocations qui seraient, pensait-elle, celles de ses enfants, « quant à la petite... Elle levait les sourcils, interrogeait le nuage et me remettait à plus tard. » (1). Ce « plus tard » devait se révéler de conséquence et digne de ne pas la décevoir.

Derrière « la petite », il y a encore quelqu'un, mais, à quinze ans, les réserves de tendresse consciente de Colette ne s'adressent encore qu'à Sido; elle ne se soucie pas à cet âge des traits de caractère qu'elle peut tenir de son père.

Qui était-il, se demandera-t-elle plus tard, lorsque s'efforçant de départager ce qui, en elle, était l'apport maternel et l'apport paternel, elle devait se découvrir tant d'affinités avec lui, et regretter que, par cette « étrange timidité des pères envers leurs enfants », elle ne l'eût pas mieux pressenti et deviné.

« Mal connu ! Méconnu », s'écriera-t-elle au seuil de ses souvenirs. Jovial et toujours un refrain sur les lèvres, nul homme ne semblait, en effet, plus heureux que l'ancien capitaine de zouaves Colette. Mais cet homme qui avait eu tant besoin dans sa jeunesse « de mourir publiquement et avec gloire... au milieu de la place, sous le drapeau », ce mutilé (il avait été amputé d'une jambe au cours de la campagne d'Italie), devenu percepteur de village, en même temps que père de famille, n'avait-il pas eu, au fond, une vie absolument contraire à celle qu'il eût dû avoir ? Une vie que l'amour de plus en plus grand et comme dévastateur, qu'il portait à Sido, avait rendue encore plus humble et plus obscure. Il suffira que Colette se reporte à ces jours perdus, à certains dimanches soirs où toute la famille rentrait au village en vieille calèche (« Nous avions sans doute l'air très heureux, dira-t-elle, car l'air heureux était notre mutuelle et suprême politesse »), pour que, sous les claquements de fouet sonores du Capitaine, sous ses chan-

(1) *Sido*.

sons redoublées, sous tant d'entrain bien imité, lui devienne maintenant sensible le rêve amer de cet homme, qui devait songer aux aventures que ses camarades de combat continuaient de courir si loin de lui.

Derrière « ses fredons défensifs », qui le précédaient toujours « comme une haleine », derrière sa faconde d'homme du midi qui se débondait souvent en jurements et grondements auxquels ses enfants n'accordaient aucune importance, il dissimulait aux siens sa véritable nature. Ses compagnons d'armes rapportaient de lui des traits d'un courage extraordinaire sur lesquels il se taisait, comme s'il eût su que, lorsqu'on a manqué le seul destin qui vous eût convenu, on ne doit jamais s'accorder d'en parler. Vantard et grandiloquent sur tant de points, d'où lui venait donc cette réserve sur tout ce qui lui avait été essentiel ? Raccordant entre eux certains indices, Colette découvre ce qui était demeuré caché à son enfance insoucieuse : une pudeur ombrageuse se cachait derrière ce que Sido croyait être à tort « l'incorrigible gaîté de son mari ». « Elle le croyait gai, parce qu'il chantait, songe Colette. Mais, moi qui siffle dès que je suis triste, je voudrais qu'elle eût compris que la suprême offense, c'est la pitié. Mon père et moi nous n'acceptons pas la pitié. Notre carrure la refuse. A présent, je me tourmente, à cause de mon père, car je sais qu'il eut, mieux que toutes les séductions, la vertu d'être triste à bon escient, et de ne jamais se trahir » (1). Ce trait de caractère qui est celui-là même de Colette, nous savons maintenant que c'est du « Capitaine » (comme le nommait le village tout entier, en tendre déférence) qu'il lui vient, de même que cette façon, qui sera sienne également, de se taire sur ce qui lui est essentiel.

Ce que notre adolescente ne sait pas encore, c'est qu'à elle sera dévolu le soin de faire aboutir le rêve de devenir écrivain, qui, avec celui de mourir en pleine gloire militaire, avait été le rêve de son père. Comment aurait-elle déjà pressenti que sa vie se passerait à écri-

(1) *Sido.*

re ? Ce texte nous assure plutôt qu'elle était convaincue du contraire : « Dans ma jeunesse, affirme-t-elle, je n'ai jamais désiré écrire. Non, je ne me suis pas levée la nuit en cachette pour écrire des vers au crayon sur le couvercle d'une boîte à chaussures... Aucune voix n'emprunta le son du vent pour me glisser... dans l'oreille, le conseil de tenir, en écrivant, ma bondissante ou tranquille perception de l'univers... Je sentais chaque jour mieux que j'étais justement faite pour ne pas écrire... Quelle douceur j'ai pu goûter à une telle absence de vocation littéraire ! Mon enfance, ma libre et solitaire adolescence, toutes deux préservées du souci de m'exprimer, furent toutes deux occupées uniquement de diriger leurs subtiles antennes vers ce qui se contemple, s'écoute, se palpe et se respire » (1).

Cependant son étrange amour pour les articles de bureau, c'est de son père qu'elle le tient. A dix ans, déjà, ne rôdait-elle pas, « pleine de mauvais pensers » autour du bureau paternel, où les trésors de papeterie proliféraient; « Equerre d'acajou, règles en métal blanc, en bois d'ébène, crayons de couleurs variées, plumes de ronde ou de bâtarde, flacon de colle liquide, surtout jattes de pains à cacheter » dont elle mangeait les blancs, toutes fournitures pour lesquelles elle ne pouvait témoigner de convoitise sans qu'aussitôt avertie de quelque disparition insolite, « le feu d'un petit œil gris incendiaire, l'œil d'un rival », lui partît en plein visage.

Derrière l'un des battants de la bibliothèque, elle s'est aménagé une demi-étagère pour y aligner ses trésors personnels. Mais voilà que la place ne lui suffit plus. Sido se montre aussitôt soucieuse, quand elle lui expose que sa case est devenue trop petite : « Oui, bien trop petite, semble dire son regard. Quinze ans... Où va Minet-Chéri, qui déborde de son réduit, comme un bernard l'ermite chassé de sa coquille d'emprunt par sa propre croissance ?... Déjà, elle s'échappe et je ne pourrai pas la suivre. Déjà, elle veut une robe longue et si je la lui

(1) *Journal à Rebours (La Chaufferette).*

donne, les plus aveugles s'apercevront qu'elle est une jeune fille; et si je la lui refuse, tous regarderont, sous la jupe trop courte ses jambes de femme... Quinze ans. Comment l'empêcher d'avoir quinze, puis seize, puis dix-sept ans... » (1).

En proie à l'angoisse de voir Minet-Chéri aborder le périlleux tournant de l'adolescence, on comprendra que Sido, heureuse de flatter une manie qui lui paraissait encore relever de l'enfance, allât jusqu'à dérober sur la table du « Capitaine » le bâtonnet de cire verte sablée d'or que celui-ci couvait jalousement sans oser jamais s'en servir, en recommandant seulement à Colette de le cacher précieusement afin de ne pas déchaîner les foudres paternelles.

« L'œil d'un rival... » C'est là que je voulais en venir. Ce petit œil gris, incendiaire, c'est l'œil de son père, c'est-à-dire de quelqu'un qui, s'il lui a transmis certaines particularités physiques a quelque chance également de lui avoir transmis certaines caractéristiques morales. Nous découvrons déjà une passion commune pour des objets semblables. Ne sourions pas; d'autres transmissions sur le plan plus profond, seront vouées à un accomplissement éclatant. « Mon père, né pour écrire, laissa peu de pages. Au moment d'écrire, il émiettait son envie en soins matériels, disposait autour de lui le nécessaire et le superflu de l'écrivain. A cause de lui, je ne suis pas indemne de manie » (2). On a pu dire que « le grand écrivain ne fait que réaliser un certain ton, lentement élaboré et mûri par une famille ». L'exemple de Colette en apporte confirmation. Un curieux pressentiment semblait habiter « le Capitaine », tout au moins quant à la capacité de jugement d'une enfant de dix ans à qui il soumettait ses morceaux de prose oratoire, ou ses odes, où la rime trop facile ronflait avec une fâcheuse redondance. Hochant sa tête « au front trop grand pour être

(1) *Le Képi (La Cire verte).*
(2) *Le Képi (La Cire verte).*

aimable » et son « petit menton en bille », Colette laissait tomber imperceptiblement son : « Trop d'adjectifs, toujours trop d'adjectifs », qui jetait son père hors de lui. Mais s'emportait-il jusqu'à la traiter de « pou vaniteux » ou « d'infime vermine », il ne la faisait pas démordre de son blâme. Ce qu'elle savait du reste, c'est que, durant ces étranges confrontations, il leur arrivait tous deux, de se toiser « en égaux et déjà confraternels ».

A quinze ans, elle ne se doute pas, en revanche, qu'elle constatera plus tard : « C'est lui qui voulait se faire jour et revivre quand je commençais, obscurément, d'écrire ». Ni lui ni elle n'ont encore pris conscience de l'aide secrète qu'apporterait sans doute aux dons d'un écrivain véritable ce qui avait été l'aspiration impuissante de toute une vie. Et lorsqu'il mourut, âgé de soixante quatorze ans, délivré de la crainte qu'il avait eue de survivre à sa bien aimée Sido, ce cercueil de bois jaune, sur lequel avait été jetée la tunique de zouave, ce cercueil que Sido accompagna sans chanceler jusqu'au bord de la tombe, « toute petite sous ses voiles et murmurant tout bas, pour lui seul, des paroles d'amour », il semblait bien que ce fût tout ce qui devait demeurer du « Capitaine » Colette dans la mémoire des hommes. L'échec de sa vie ne se trouva-t-il pas, en effet, curieusement confirmé par la découverte que ses enfants firent, sur le plus haut rayon de la bibliothèque, d'une douzaine de tomes cartonnés, dont les titres : *Les Enseignements de 70, l'Algèbre élégante, Mes Campagnes, le Maréchal de Mac-Mahon vu par un de ses compagnons d'armes, etc...* portaient à croire qu'on allait trouver là l'œuvre de toute une vie, mais qui, une fois ouverts, révélèrent que leurs centaines et centaines de feuilles de beau papier vergé crémeux étaient demeurées vierges, hors ces trois lignes, à la première page : A ma chère âme — son mari fidèle — Jules Joseph Colette, ces lignes dédicaçant ce qui était demeuré « une œuvre imaginaire, le mirage d'une carrière d'écrivain ? ».

Combien eût-elle été étonnée d'apprendre qu'à plus de trente ans de là, lorsqu'elle serait devenue un écrivain en pleine notoriété et que son père et sa mère seraient morts déjà depuis longtemps, une extra-lucide lui dirait : « Je vois, assis derrière vous, l'esprit d'un homme âgé », et, lui décrivant la barbe paternelle non taillée presque blanche et, sous les sourcils broussailleux, les yeux petits, d'un éclat insoutenable que Colette avait qualifiés de « cosaque », elle ajouterait : « Il s'occupe beaucoup de vous, à présent, puisque vous représentez ce qu'il a tant désiré être lui-même sur la terre ». Oui, combien eût-elle été étonnée d'apprendre qu'un jour viendrait où elle donnerait elle-même inlassablement vie à son père, à travers une œuvre enfin exprimée.

★

« Ses subtiles antennes », il est temps que nous nous y arrêtions un moment. Peu d'êtres, en effet, en eurent à la fois, de plus complexes et de plus subtiles. Rarement cerveau fut plus apte à débrouiller les divers apports de l'ouïe, de l'odorat ou de la vue qui entrent dans une sensation donnée. Il n'y a guère que Marcel Proust que nous puissions lui comparer dans cet art de traduire le contenu d'une sensation. Parlant de son école, « sorte de rude paradis où des anges ébouriffés cassaient du bois pour allumer le poêle », et des chaufferettes qui, l'hiver asphyxiaient doucement les élèves, au parfum de quelque fruit déposé sur leur grille, Colette nous dit : « Je crois que si une petite magie inoffensive pouvait me rendre ensemble l'arôme de la pomme bavant sur la braise, de la châtaigne charbonnant, et surtout l'extraordinaire vieux tome du *Nouveau Testament,* rongé, loqueteux, moisi où Mlle Fanny conservait, entre les pages, des pétales de tulipes séchées, transparents comme l'onyx rouge, des petits cadavres gris de violettes, les figures à barbe carrée des pensées du printemps » (celles à qui sans doute sa mère trouvait la physionomie d'Henri VIII), « je crois, oui, que je serais bien contente... j'emporterais avec moi, je respirerais ce grimoire à dévoiler le passé, cette clef qui rouvre l'enfance... » (1).

Se reportant à ses premières années, elle dit encore : « l'attention d'un enfant obéit au plus averti de ses sens. Déjà le mien était l'odorat ». Et dans *Mélanges*, à propos de Balzac, elle nous dira : « Ce petit homme... avait un odorat de fauve. Quand il flaire, je n'ose plus mettre en doute l'on-dit qui attribue au mâle une narine plus experte que la nôtre, encore que la mienne ne craigne pas beaucoup de rivale... Souvent je fus environnée, arrêtée au centre de l'univers qu'ouvre, que ferme une fragrance... » (2).

C'est ainsi que, passant un jour devant un terrain vague, à Paris, elle s'arrêtera pour humer l'air longuement. Ce qu'elle décèlera, c'est ce qu'elle nomme « la fétidité enchanteresse. Issue du bois décomposé et de sa phosphorescence nocturne, elle dépend aussi du champignon éphémère, de la vase du ruisseau musquée délicatement, car le ruisseau a passé sur le maroquin sec d'une petite grenouille, tannée par sa mort ancienne ».

Quant à l'odeur de chocolat, elle parfumera toute son œuvre. La première fois que Sido lui décrira les briques de cacao qui séchaient sur le toit de la maison paternelle, où, la nuit, folâtraient les chats, Colette nous dit qui n'écoutant plus la suite du discours de sa mère elle était restée un instant suspendue à un parfum, à une image suscitée : « L'odeur du chocolat en briques molles, la fleur creuse éclose sous les pattes du chat errant ». Il n'y a guère de douleurs éprouvées par ses héroïnes qui ne s'apaisent à l'approche du viatique odorant, et *Claudine*, se fera une spécialité gourmande de barres de chocolat fondues au feu de bois sur un petit gril d'argent.

Non moins délié, mais plus exigeant sera, chez elle, le sens du toucher. A quinze ans, revenant à Saint-Sauveur, après un séjour à Paris, Colette mentionnera l'aver-

(1) *Journal à Rebours (La Chaufferette)*.
(2) *Mélanges*.

sion que lui ont causée les logis sans jardins et sans bêtes de la ville « où la main, en quête de cordiale caresse, se heurte au marbre, au bois, au velours inanimés ». Elle a quitté ces appartements « privés d'esprits familiers... avec des sens affamés, le besoin véhément de toucher, vivantes, des toisons ou des feuilles, des plumes tièdes, l'émouvante humidité des fleurs... ». Aussi courant à la grande corbeille débordante de chattes de toutes générations qui ont mis bas, durant son absence « elle démêle, heureuse, nous dit-elle, ces nourrices et ces nourrissons bien léchés, qui fleuraient le foin et le lait frais, la fourrure soignée ».

Et poursuivant cette vision de fécondité à la Jordaens elle ajoute : « Bijou, en trois ans quatre fois mère, qui portait à ses mamelles un chapelet de nouveau-nés, suçait elle-même, avec un bruit maladroit de sa langue trop large et un ronron de feu de cheminée, le lait de la vieille Nonoche inerte d'aise, une patte sur les yeux »(1).

Il semble que nous touchions là à un point très essentiel chez Colette, la passion de l'exubérance physique et de la surabondance vitale. Elle s'accompagne, comme chez tous les êtres liés étroitement aux puissances de la terre, d'un goût impérieux pour les nourritures. On ne trompera jamais en effet Colette sur la qualité d'un mets ou d'un vin, elle qui sait déceler que le bœuf à l'ancienne « comble au moins trois sens sur cinq », que la fraise blanche sent la fourmi, qu'il y a des crus différents d'oranges, elle qui saura nous parler de « l'expansion apéritive du café frais moulu ».

Pour elle, l'acte de manger est, comme pour ses personnages, générateur d'autant d'énergie morale que d'énergie physique. Les héroïnes de *Duo* et du *Toutounier* seront préservées des pires désespoirs et du souvenir d'un mort aimé par la joie de se restaurer. Les poulets grillés, les tartes, le café au lait blond, hérissé de rôties surbeurrées, et cuit une seconde fois sur un feu doux de braise, entrent pour une bonne part dans l'hygiène mo-

(1) *La Maison de Claudine.*

rale, le programme de vie des personnages de *Chéri*. Quant à la conjonction inévitable entre gourmandise et sensualité, nous en aurons la preuve dans ces exclamations de *Claudine en ménage :* « Hélas, comme la vue de ce que j'aime, beauté de mon amie, suavité des forêts fresnoises, désir de Renaud, suscite en moi la même émotion, la même faim de possession et d'embrassement... N'ai-je donc qu'une seule façon de sentir ? »

Peut-être cet amour et ce sens du « bien manger » lui viennent-ils de cette Bourgogne où la cuisine fut toujours réputée. Colette se questionne elle-même : « D'où me vient ce goût violent du repas des noces campagnardes ? Quel ancêtre me légua... cette sorte de religion du lapin sauté, du gigot à l'ail, de l'œuf mollet au vin rouge, le tout servi entre des murs de grange nappés de draps écrus où la rose rouge de juin, épinglée, resplendit ? » (1). Malgré la tache éclatante de cette fleur qui emporte toute l'image vers la poésie, le fait demeure que, dès l'enfance, Colette nous dit avoir connu en mangeant « la jouissance pleine de se sentir une brute vivace ».

Tout entière adonnée, du moins le croit-elle, à un sensualisme de petite bête chasseresse, elle se persuade que palper, goûter, voir, entendre, respirer, suffisent à son désir de communion universelle. Elle paraît exclusivement accordée au temps qui passe, mais en elle, pourtant, sa prodigieuse mémoire commence d'emmagasiner ces biens que nul et pas même les années, ne pourront lui retirer. « La vie a bien du mal à me déposséder, nous dira-t-elle lorsqu'elle sera parvenue à la vieillesse ; je n'aurai jamais fini de recenser ce que le hasard, une fois, a fait mien ». De curieuses impressions la traversent parfois : « Quand j'étais petite, une grande sagesse précoce m'envoya, au plus beau de mes joies, plusieurs avertissements mélancoliques, d'une amertume savoureuse au-dessus de mon âge... C'était... « la voix secrète », une porte entr'ouverte qui, pour les enfants de mon âge, demeure d'habitude fermée... Elle me disait : « Vois,

(1) *La Maison de Claudine.*

arrête-toi, cet instant est beau ! Y a-t-il ailleurs, dans toute ta vie qui se précipite, un soleil aussi blond, un lilas aussi bleu à force d'être mauve... un lit aussi frais de draps rudes et blancs ?... Combien de temps seras-tu encore cette enfant ivre de sa seule vie, du seul battement de ses heureuses artères ?... Où ressentiras-tu la première piqûre, la première déchéance ?... Oh ! souhaite d'arrêter le temps, souhaite de demeurer encore un peu pareille à toi-même : ne grandis pas, ne pense pas, ne souffre pas ! Souhaite cela si fort qu'un dieu, quelque part, s'en émeuve et t'exauce !... » (1).

Ce passage, l'un des rares dans l'œuvre de Colette où il soit fait appel à un dieu, fût-ce à un dieu païen, est à mon sens très important par la lumière qu'il projette sur une certaine région de son âme où elle ne nous permettra jamais d'entrer ; il nous éclaire exceptionnellement sur la profondeur d'un être qui sera d'autre part totalement dépourvu de mysticisme. On a cru bon parfois de rechercher dans une œuvre, pour en dégager la tonalité principale, le mot qui s'y rencontrait le plus souvent. Ce qui pourrait, à l'inverse, caractériser l'œuvre de Colette, ce serait le peu de fois que l'on y rencontre le mot Dieu. Ce mot est presque absent de ses quarante volumes, pour la raison que Dieu n'étant le point de départ ou d'aboutissement d'aucune des pensées de Colette, il n'a point de place dans son univers. Si l'on a pu dire, sans trop de paradoxe, que Dieu était la grande préoccupation des athées, il n'en va certes pas de même pour Colette.

Au moment de sa Première Communion, elle avait traversé pourtant l'inévitable crise de sentimentalité religieuse à laquelle sont sujettes toutes les petites filles. Mais la Première Communion elle-même, y avait mis un terme, comme l'indique ce texte des *Vrilles de la Vigne:* « Vieux curé sans malice qui me donnâtes la communion, vous pensiez que cette enfant silencieuse, les yeux ou-

---

(1) *La Retraite Sentimentale.*

verts sur l'autel, attendait le miracle, le mouvement insaisissable de l'écharpe bleue qui ceignait la Vierge ?... Il est bien vrai que je rêvais miracles, mais... pas les mêmes que vous. Engourdie par l'encens des fleurs chaudes, enchantée du parfum mortuaire, de la pourriture musquée des roses, j'habitais, cher homme sans malice, un paradis que vous n'imaginiez point, peuplé de mes dieux, de mes animaux parlants, de mes nymphes et de mes chèvre-pieds... Et je vous écoutais parler de votre enfer, en songeant à l'orgueil de l'homme qui pour ses crimes d'un moment, inventa la géhenne éternelle... » (1).

Sans doute Colette, fillette éprise de tout ce qui se touche, de tout ce qui se voit, était-elle réfractaire à ce qui est du domaine de l'Invisible, mais le milieu dans lequel elle était élevée était à l'opposé de tout mysticisme : d'une part « ce petit pays libre-penseur qui, au profit du Nouvel-An, supprimait dans la mesure du possible une fête dix-neuf fois centenaire, qui est celle de tous les enfants », et de l'autre le milieu familial. Impossible de trouver état d'esprit plus laïc que celui du père, et quant à sa « très chère Sido athée », qui sacrifiait à un certain conformisme provincial en assistant à la messe du dimanche, mais en place d'Evangile, lisait Corneille, et ne se privait pas de quelques signes d'impatience menaçante à l'égard du curé, lorsque le prêche durait trop longtemps, nous savons qu'elle éprouvait pour tout ce qui était manifestation religieuse une antipathie caractérisée. Nous la voyons qui persifle comme scandalisée par ce qui lui paraît l'ineptie de certaines pratiques, tendant à rabaisser ce que la création contenait déjà par elle-même de prodiges. Colette lui montre-t-elle avec fierté un bouquet de camomille et de lilas que ses camarades de catéchisme déclarent « béni », depuis qu'il a été été déposé devant la Vierge : « Béni » relève sa mère en éclatant d'un rire irrévérencieux « crois-tu donc qu'il ne l'était pas déjà auparavant ? »

(1) *Les Vrilles de la Vigne.*

et Colette ajoute : « ma mère ne craignait-elle pas pour moi les pièges catholiques de l'encens, des fleurs, l'engourdissement des cantiques, le vertige doux des répons ? ».

Et Sido n'avait pas tort, car il semble bien que sa fille aurait eu tendance à ne s'en tenir peut-être qu'aux pièges des « puérilités » et des « fastes » liturgiques. Colette ne dit-elle pas elle-même qu'elle était « une enfant superstitieusement attachée aux fêtes des saisons, aux dates marquées par un cadeau, une fleur, un traditionnel gâteau... » (1).

Qu'est-ce donc qui l'avait attirée dans ces leçons de catéchisme, si assidûment suivies ? Colette ne s'en cachera pas : « le plaisir de faire amitié avec ce que l'on a honni », ces élèves de l'école libre brusquement approchées, alors que les élèves de la « Laïque » dont elle était, les tenaient avec mépris à l'écart. « Le jour qu'à mon épaule de petite fille, une épaule pareille s'appuya, qu'une tresse blonde glissa contre l'une de mes tresses, et se lova sur mon livre ouvert, et qu'un doigt taché d'encre, un ongle noir soulignèrent le texte latin : « C'est là qu'on reprend Ora-a pro-o nobis », je fus conquise » (2).

Mais voici le correctif important : « Conquise à la piété ? Non pas. Conquise à l'inconnu des refrains scolaires que mon école n'enseignait pas, à des morceaux choisis plus émus que les nôtres... à des génuflexions, des prières volubiles, des échanges d'images et de chapelets, et surtout à des récits de « souliers de Noël ». Peut-on mieux nous démontrer le mécanisme, non pas d'une croyance, mais d'une crédulité à son stade encore le plus inférieur ? Nous captons ces joutes oratoires entre petites filles aussi mal pensantes les unes que les autres : « Moi, j'te dis que c'est Nouël, la fête » — « Et moi j'te dis que c'est le Nouvel An qui compte ». Finalement, Colette s'était sentie « moins brusque et comme

(1) *Les Vrilles de la Vigne.*
(2) *La fleur de l'âge (Noël ancien).*

sentimentale ». Elle en était venue à demander des histoires de Noël à sa mère. Celle-ci, un certain soir, l'avait regardée de ses pénétrants yeux gris auxquels rien n'échappait, lui avait fait tirer la langue, et en désespoir de cause, lui avait fait boire du vin chaud sucré dans sa petite timbale d'argent « bossuée ». Ce vin l'avait rendu volubile : « Maman, la Julotte des Gendrons a vu descendre une lune dans ses sabots, à Noël » — « Bois tranquillement » lui avait répondu sa mère. « Elle me disait « bois », comme elle m'eût dit : enivre-toi et parle. Elle m'écoutait sans sourire avec cette sorte de considération que souvent je l'ai vue témoigner aux enfants ». A un moment donné, elle lui avait même posé une main rapide sur le bras et l'avait regardée de si près que la petite Colette en avait eu le souffle coupé : « Tu y crois ? Minet chéri, est-ce que tu y crois ? Si tu y crois... »

Combien ce « si » et le scrutement méditatif et simplement détaché qui l'accompagna eurent de poids sur une âme qui ne demandait peut-être qu'à s'ouvrir ! « Je perdis contenance, continue Colette, une fleur de givre, que j'étais seule à voir, qui tintait suspendue dans l'air et s'appelait « Noël » s'éloigna de moi » ; nous pouvons ajouter, s'éloigna à jamais.

Cependant, quand était venue cette fameuse nuit de Noël qui, vide qu'elle avait été jusqu'alors, se proposait cette année-là comme capable de contenir tous les mystères, Minet-Chéri avait été réveillée avant le jour par un bruit furtif. A la lueur de sa veilleuse elle avait aperçu sa mère, qui, sans s'approcher, lui avait demandé dans un souffle « Tu dors ? » à quoi elle avait failli répondre en toute sincérité : « Oui, Maman ». Devant la cheminée, Sido avait placé sans bruit les petits sabots d'enfant qu'elle avait fleuris d'un bouquet d'ellébore et dans lesquels elle avait déposé un livre et des bonbons. Mais à l'instant de sortir, un scrupule l'avait prise. « Tout à coup elle se retourna, glissa sur ses « feutres », vers la cheminée, enleva les deux paquets par leurs ficelles croisées et planta les ellébores entre deux bouton-

nières de son corsage. Elle pinça de son autre main les
« bricoles » de mes sabots, pencha la tête un moment
dans ma direction, comme un oiseau et partit » (1).

Non, décidément, Sido ne s'était pas senti le droit de
jouer les anges d'une quelconque Annonciation. Cette
nuit était semblable à toutes les autres nuits. Aucune
commémoration d'aucun événement décisif ne pouvait
s'y inclure pour un esprit rationaliste. Ce n'est que le
premier janvier que Colette retrouvera, à côté d'une
tasse d'épais chocolat fumant, les paquets dont sa mère
avait un instant chargé, puis délesté ses sabots. Et elle
conclut : « Je n'eus plus, de toute ma jeunesse, d'autres
cadeaux de Noël que ceux que Sido m'avait apportés
cette nuit-là : ses scrupules, l'hésitation de son cœur
vif et pur, le doute d'elle-même, le furtif hommage
que son amour concéda à l'exaltation d'une enfant de
dix ans ».

Sur un certain plan spirituel une porte à peine entr'ouverte s'est donc refermée sans retour. Mais depuis
que Colette est entrée dans l'adolescence, la vigilance
maternelle ne devient que plus anxieuse. Que « la petite
s'attarde, désormais, les soirs d'automne, à cueillir des
mousserons ou des colchiques mauves,, « ces veilleuses
de l'automne » et Sido, « comme une couveuse au bord
du nid », guette sur le pas de la porte son retour, par le
haut ou par le bas de la rue. Décrochant au porte-man-
teau un pardessus du « Capitaine », une pèlerine d'enfant ou un tablier bleu dont elle nouait les brides sous
le menton, elle apparaissait à Colette, revenant de sa
flânerie, comme la personnification même de l'inquié-
tude. C'est qu'elle avait suivi de loin les quinze ans de
sa fille, « parée de longs cheveux, d'une taille déliée,
d'une petite figure de chat aux tempes larges, et au
menton pointu ». « Aussi, le soir, nous dit Colette, sous
le dôme vert de la suspension, un regard gris, presque
dur à force d'acuité, me parcourait tout entière, lisait,
de ma joue griffée à mes souliers boueux, dénombrait les

---

(1) *La fleur de l'âge* (Noël ancien).

dommages : Un fil de sang sur la joue, un accroc près de l'épaule... les souliers comme des éponges... C'est tout... Dieu merci, ce n'est, encore une fois que cela » (1).

Mais combien de temps en serait-il encore ainsi ? Sous quelle forme se manifesterait le danger venu de l'extérieur ?

---

(1) *Journal à Rebours.*

III

DEUXIEME FORMATION

Willy — La metamorphose

> « *Ils ne sont jamais sans danger, les mystérieux attraits de ce que nous n'aimons pas.* »
> Bella Vista.

Dans la petite maison de Chatillon Coligny, à quarante kilomètres de Saint-Sauveur, où des revers de fortune ont fait émigrer toute la famille aux côtés d'Achille devenu médecin, quel événement imprévu pourrait bien survenir ? Le paysage de chaume et d'or, couronné de bois légers et sombres, fait à peine moins songer à une aquarelle de Dürer que celui du pays natal. Chacun est à son poste et fait bloc auprès de « la petite », qui semble pour longtemps encore protégée. Mais ce n'est pas en vain que la sollicitude maternelle est alertée. Colette est bien à la veille de faire la rencontre la plus importante de sa vie. Dans quelques mois, il surgira à ses côtés, cet Henri Gauthier-Villars, fils d'un éditeur d'ouvrages scientifiques avec lequel le Capitaine Colette, membre de la Société de Géographie, est en relations ; il surgira, de quinze ans son aîné, celui qui sera appelé à avoir une influence décisive sur son art, d'une part en l'incitant à se manifester, ne fut-ce qu'à des fins pécuniaires, d'autre part en lui imprimant une inflexion dont Colette ne pourra se libérer par la suite que grâce à son génie.

Conjonction, à première vue, réellement paradoxale, absurde même, que celle de ces deux êtres qui n'offrent aucun point commun. Elle, la petite campagnarde, l'enfant même de la nature, droite, simple, brutale. Lui, le viveur déjà bedonnant, ne se plaisant qu'aux pavés des villes, aux cénacles mondains et littéraires, lui, le compliqué, le fabriqué par excellence (1). Nous sommes confondus par tant d'impudente différence. Mais la phrase par laquelle, un jour, Colette confrontera la véritable innocence de sa mère avec la sienne propre, nous est peut-être révélatrice : « Sido ne savait pas qu'une singulière bête veut mourir, qu'un certain enfant implore la souillure, qu'une fleur close exigera d'être forcée puis foulée aux pieds ». Du reste, Willy sous son chapeau à bords plats, le bas du visage caché par un « opulent rouleau blond aux pointes effilées » et une « impériale » qui lui donnait une vague ressemblance avec Edouard VII, pouvait passer, sans doute, pour bel-homme aux environs de 1900. Pourtant, voici comment nous le décrira Colette, plus tard, dans *Mes Apprentissages* : « J'ai connu des individus énormes. Monsieur Willy n'était pas énorme, mais bombé. Le crâne chauve (elle dira ailleurs « rose, illimité et puissant »), l'œil à fleur de front, un nez bref, sans arêtes dures, entre les joues basses, tous ses traits se ralliaient à la courbe ». Et, lorsqu'elle découvrira enfin, derrière l'apparence du séducteur, « l'ombre d'un homme qui a déjà de l'âge, un trouble regard bleuâtre, illisible, le don des larmes à faire frémir, la voix merveilleusement voilée, une légèreté étrange d'obèse, une dureté d'édredon bourré de cailloux », elle conclura seulement : « Que de richesses contradictoires, que de pièges variés... ».

Le personnage de Maugis, dans les *Claudine*, nous per-

---

(1) Il ne faut pas oublier cependant que, sous tant d'artifice, existait le goût vrai de la musique. Il fut un des premiers à comprendre les opéras de Wagner, et à les défendre en France, dans ses *Lettres de l'Ouvreuse*, chroniques alors fort réputées.

mettra de compléter le portrait physique et moral de Willy : « Tout allumé de vice paternel, amateur de femmes, d'alcools étrangers et de jeux de mots, hellénisant, musicographe, lettré, bretteur, sensible, dénué de scrupules, qui gouaille en cachant une larme, bombe un ventre de bouvreuil, nomme « mon bébé » les petites femmes en chemise, préfère le déshabillé au nu et la chaussette au bas de soie » (1). Ce Maugis là, effectivement, nous permet de nous faire quelque idée du comportement sentimental de l'homme qu'elle avait épousé.

Désormais, plus de transcriptions fidèles du cadre et des êtres. A l'exception de *Noces* et de *Mes Apprentissages,* qui semblent autobiographiques, nous ne trouverons plus qu'au hasard de l'œuvre (2) quelques parcelles d'une vérité transposée. Colette, parlant de son travail d'écrivain, nous dira elle-même (3) que, depuis tant d'années, sa main recueille sur le papier « ce que je sais de moi, ce que j'essaie d'en cacher, ce que j'en invente et ce que j'en devine ». C'est donc à travers tant de pièges, eux aussi, contradictoires, qu'il nous faudra nous orienter.

★

Oui, pourquoi Willy ? Prestige, sans doute, de l'homme mûr sur une jouvencelle, prestige de Paris sur la province, prestige de l'écrivain, du journaliste affairé sur une jeune vie impatiente, qui s'écoule un peu trop lentement. Dans les pages de *Noces,* Colette nous révélera qu'elle avait fini par vouer une tendre admiration au « journaliste très parisien » qui, devenu l'ami de la famille, venait parfois lui rendre visite à Chatillon-Coligny. Comment fût-elle demeurée insensible a l'importance que lui conférait l'attention, d'abord amusée, bientôt aggravée de désir, d'un homme dont le souci princi-

---

(1) *Mes Apprentissages.*
(2) Dans les *Claudine, Les Vrilles de la Vigne, La Vagabonde, La Retraite Sentimentale.*
(3) *La Naissance du Jour.*

pal était précisément les femmes ? Le texte de *Noces* nous apprend qu'après deux ans de fiançailles, elle devenait à vingt ans la femme de Willy. Colette aura soixante-dix ans lorsque paraîtront les souvenirs relatifs à ce 15 mai 1893. A cinquante années de distance, ils ont gardé une fraîcheur et une acuité extraordinaires :

« Ma traîne blanche rejetée sur un bras, je descendis, seule dans le jardin. La fatigue d'une journée commencée tôt, après une nuit sacrifiée à la songerie éveillée, descendait enfin sur moi ». Il y a une heure trente qu'elle est mariée, nous spécifie-t-elle; mariage du reste bien modeste que le sien. Point de messe, une simple bénédiction. Point d'invités, hors les témoins, mais beaucoup de barbes, comme on se devait d'en porter alors, un groupe raide tout à fait dans le goût du Douanier Rousseau. Chacun semble maintenant s'appliquer à banaliser l'heure. « Le Capitaine » lit dans son fauteuil. Le mari et Achille, en bras de chemise, travaillent à trouver des fables express pour un journal quotidien que dirige Willy. Quant à la mariée, vêtue de mousseline froncée à l'encolure et à la taille, un ruban blanc noué à la « Vigée-Lebrun », dans les cheveux, sa longue tresse battant ses mollets, elle s'est assise sur l'une des marches du perron, l'âme vide mais secrètement attentive. Tout à coup voici que Colette nous fait cette confidence inattendue : « l'enivrement d'une fille amoureuse n'est ni si constant ni si aveugle qu'elle cherche à le croire. Mais son orgueil la tient muette et courageuse, même dans les moments où elle pousserait le grand cri, opportun et sincère, le grand cri de réveil et de peur ». « Ce cri là ne m'était pas monté aux lèvres, car deux longues années de fiançailles avaient fixé mon sort sans rien changer à ma vie ». Ce cri d'épouvante, c'est l'indépendance menacée qui voudrait le pousser ; demain Gauthier-Villars ne repartirait pas seul, par le mauvais train omnibus qui menait à Paris ; une trop jeune femme l'accompagnerait, qui depuis le matin, ressentait « la gêne de vivre sous des regards qui supputaient son risque ».

Colette cherche Sido. Mais celle-ci, « en robe de faille

noire et pampilles de jais, le teint rouge, comme lorsqu'elle était malheureuse », se détourne. (Colette nous apprendra plus tard que sa vie sentimentale inspira toujours à Sido « une grande et maternelle répugnance »).

Sido ne lui apporte donc nul réconfort. Pendant le repas, l'épousée s'endort du sommeil des enfants fourbus. Et la dernière indication suit, abrupte : « Le lendemain, mille lieues, des abîmes, des découvertes, des métamorphoses sans remèdes me séparaient de la veille ».

« Métamorphose », nul mot ne peut mieux convenir à ce changement radical survenu dans la vie de Colette. Je m'arrêterai à ce moment capital. Car sans Willy, pas plus qu'autrefois sans Sido, Colette n'eût été celle que son art nous a révélée.

Sido et Willy furent les deux seules grandes influences qui s'exercèrent sur sa vie. Mais si ces deux influences furent contradictoires, elles eurent ceci cependant de commun, que ni l'une ni l'autre n'impliquaient une quelconque transcendance.

« Ma vie de femme commence à ce jouteur », s'écrie Colette. Terrible éducation sentimentale que d'être introduite à l'amour par un Willy ! Si bien trempée par son terroir et par Sido, dans une de ces paisibles vies provinciales, toujours soucieuses d'une certaine honorabilité, quelle extraordinaire transplantation Colette eut effectivement à subir ! Dès le lendemain du mariage, la savante tentative de dissolution d'un être était commencée. La voilà produite maintenant comme une curiosité et devenue la « huronne » des salons et des cénacles parisiens. Willy poussera Colette aux exhibitions qui pouvaient servir sa propre publicité. N'était-il pas le premier à fournir aux revues de fin d'année des anecdotes piquantes sur la vie du couple Colette-Willy qui se devait d'être publique ? Nous ne nous étonnerons donc pas qu'il ne se fît pas scrupule, « lui qui exploitait toute futaie à blanc », d'accroître jusqu'au scandale l'impression de malaise que causaient ses apparitions aux courses ou au théâtre en compagnie de Polaire, l'interprète à la scène de *Claudine à l'Ecole,* et d'une Colette aux cheveux désormais coupés court, à l'œil agrandi par le fard, toutes deux, du chapeau à la bottine, vêtues d'un « uniforme » identique, qui visait à les faire passer pour jumelles et à souligner un degré d'intimité qui se voulait équivoque. La réprobation du public à l'égard du trio insolite était grande et s'exprimait en remarques injurieuses. Dur apprentissage, que celui de Colette !

« Comprendra-t-on, demande-t-elle, que le fait d'échanger mon sort de villageoise contre la vie que je menai à dater de 1894 est une aventure telle qu'elle suffit à désespérer une enfant de vingt ans, si elle ne l'enivre pas ? »

C'est sur une enclume de bien mauvais aloi que Willy façonnait la personnalité d'un être dont on ne pouvait nier (quelles que fussent ses curiosités et même ses hardiesses secrètes, les exigences d'un tempérament qu'une santé exceptionnelle et une ardeur de vivre devaient rendre impérieux) qu'il n'en était pas moins vierge dans sa sensibilité et dans son esprit.

★

Les pages que Colette consacre à ce Willy initiateur (1) nous le montrent, sous un jour, semble-t-il, impartial. Elle nous avertit du reste que ceux qui verraient dans ses propos une malveillance rancie, se tromperaient : « Chez une femme qui fut conduite à renaître plus d'une fois de ses cendres, il n'y a, après trente ans et plus, ni passion, ni fiel, mais une sorte de pitié froide et un rire sans bonté, qui résonne à mes propres dépens aussi bien qu'à ceux de mon personnage de premier plan. »

Très jaloux de sa réputation d'écrivain, accentuant son aspect physique jusqu'au type, afin d'être connu et reconnu de tous, Willy est effectivement une personnalité de premier plan. Sa carrure d'homme de lettres était une carrure d'emprunt, puisqu'il signait des livres que

(1) *Mes Apprentissages.*

le plus souvent il n'avait pas écrits lui-même. Cependant, nous affirmera Colette, il avait plus de talent que tous les regrattiers auxquels il demandait, pour or ou par amitié, de développer en son lieu et place quelque « projet » d'affabulation qu'il se sentait sans courage pour mener à bien. Ecrivain affligé d'une sorte d'agoraphobie de la page blanche, il était en revanche doué de l'art redoutable de se procurer de l'argent par tous les moyens. Ce fut seulement lorsqu'il enrôla Colette, au même titre que ses autres scribes, sur ses chantiers littéraires, comprenant quel secours elle pouvait apporter à sa production romancée, que la jeune femme découvrit l'homme véritable qu'elle avait été loin de pressentir du fond de sa province. Rarement trouverons-nous sous la plume de Colette portrait psychologique plus poussé, bien qu'elle nous dise que personne n'a pu vraiment connaître « l'homme qui fit semblant, toute sa vie, d'être pauvre. Celui-là, poursuit-elle, goûta des joies sans pareilles. Car, non seulement il dissimulait — ce qui est humain — des biens inconnus, mais encore il empruntait aux pauvres. Il aimait la saveur aiguë de la saisie, et abandonnait entre les mains des huissiers — comme un mouton bien lainé traverse, au prix de quelques flocons, les clôtures d'épines — des gilets de flanelle usagés, un vieux pantalon, des faux-cols un peu barbus, le reste étant garé sous un autre nom que le sien... A peu de frais, il passait pour dépensier, et joueur, faisait grand bruit à Monte-Carlo en perdant des jetons de cinq francs. » (1).

Quel qu'il fût, dans sa réalité, ce Willy et bien que Colette nous dît n'avoir jamais su s'il fallait l'appeler Machiavel ou Frégoli, il est de fait qu'elle devait vivre treize années avec lui.

★

Le péril le plus grand, sans doute, parmi ces « pièges variés » dont nous parle Colette, ce fut, dans cette

---

(1) *Mes Apprentissages.*

union disparate, ce qui dut être une révélation et un accord dans le domaine des sens. Le fait que les *Claudine* soient écrits à la première personne, ne nous autorise pas à y voir un récit autobiographique; Colette s'en est défendue elle-même : « Claudine n'est pas mon sosie ». Mais nous apprendrons que Renaud, mari bien plus âgé que l'héroïne, amant semi-libertin, semi-paternel, aime « le bavardage des miroirs... les lumières polissonnes ». Et il arrive que certaines inflexions ne trompent pas. « Le plaisir lui est joyeux, clément et facile, tandis qu'il me terrasse, m'abîme dans un mystérieux désespoir que je cherche et que je crains ». Des phrases encore comme celles-ci, doivent correspondre à quelque vérité : « la volupté m'apparut comme une merveille foudroyante et presque sombre », ou encore : « Renaud m'a découvert le secret de la volupté donnée et ressentie, et j'en jouis avec passion, comme un enfant d'une arme mortelle. » (1)

De ce passage si délicat de sa vie de jeune fille à celle de femme de Willy, nous avons une transcription plus directe, le texte de *Mes Apprentissages,* livre qui touche à certains points de la vie de Colette. Ecrit aux environs de la cinquantaine, la décantation du souvenir s'est déjà opérée et lui permet un ton plus libre. Mais, selon un procédé qui lui est cher, pour atténuer ce que ces propos pourraient avoir de trop personnel, elle les généralise en les présentant à la troisième personne.

« Elles sont nombreuses, les filles à peine nubiles, qui rêvent d'être le spectacle, le jouet, le chef-d'œuvre libertin d'un homme mûr. » Ou encore : « La brûlante intrépidité sensuelle jette, à des séducteurs midéfaits par le temps, trop de petites beautés impatientes. Le corrupteur n'a même pas besoin d'y mettre le prix, sa proie piaffante ne craint rien. Même elle s'étonne souvent : « Et que fait-on encore ? Est-ce là tout ? Recommence-t-on, au moins ? » Tant que durent son consentement ou sa curiosité, elle distingue mal l'éduca-

---

(1) *Claudine en Ménage.*

teur » (1). Et c'est l'aveu, sinon amer, tout au moins désabusé : « Le dégoût n'a jamais été un obstacle. Il vient plus tard, comme l'honnêteté. Le dégoût n'est pas une délicatesse féminine ». Sans l'aide de la psychanalyse, Colette a parfaitement décelé le lien qui peut exister entre le dégoût et le désir. N'est-ce pas, du reste, parce que goût et dégoût ont une origine presque commune dans la conscience, que Colette a pu se poser cette question : « Qui peut discerner si nous nous attachons mieux à ce qui nous rebute qu'à ce qui nous appelle ? » (2). Ce qui était le plus loin de vous peut devenir un jour votre image la plus fidèle ; c'est ce risque là qu'a couru la jeune femme, Colette. Dans *Claudine en ménage* (écrit durant ses années de mariage avec Willy), l'héroïne, faisant un retour sur elle-même constate : « Je sens progresser en moi l'agréable et lente corruption que je dois à Renaud. A les regarder avec lui, les grandes choses s'amoindrissent, le sérieux de la vie diminue, les futilités inutiles, nuisibles surtout, assument une importance énorme. Mais comment me défendre contre l'incurable et séduisante frivolité qui l'emporte, et moi avec lui ? »

★

Pourquoi tant insister sur cette première expérience amoureuse ? Parce qu'elle influa sur une œuvre romancée, elle-même entièrement inspirée par l'amour. Colette ne nous dit-elle pas qu'elle était bien judicieuse, la remontrance qu'un second mari devait lui faire par la suite : « Mais tu ne peux donc pas écrire un livre qui ne soit d'amour, d'adultère, de collage mi-incestueux, de rupture ? Est-ce qu'il n'y a pas autre chose dans la vie? » (3). D'autre part, puisque ce Willy, qu'elle qualifie d'homme extraordinaire, « détenait le don,

(1) *Mes Apprentissages.*
(2) *Chambre d'hôtel.*
(3) *La Naissance du Jour.*

exerçait la tactique d'occuper sans repos une pensée de femme, la pensée de plusieurs femmes, d'empreindre, de laisser, d'entretenir une trace qui ne put se confondre avec d'autres traces » (1), il est fort probable qu'elle en a conservé elle-même quelque marque.

Si la Colette « animalière », celle des plantes et de la nature, est tout entière fondée sur son enfance à Saint-Sauveur, la Colette romancière le fut par ces treize années vécues auprès de Willy. Le lien physique, du reste, n'a pas été le seul, et c'est bien d'amour qu'il s'est agi, du moins quant à elle. Sido ne lui dira-t-elle pas un jour, à l'occasion de son second mariage — qu'elle tenait en aussi grande suspicion que le premier — « Heureusement tu n'es pas trop en danger ! » Commentant la portée de cette phrase ambiguë, Colette expliquera : « A son sens, j'avais passé déjà ce qu'elle nommait : le pire dans la vie d'une femme, le premier homme ». Et la conclusion de Colette : « On ne meurt que de celui-là », nous donne un aperçu de ce que fut la profondeur de ses sentiments. En effet, certains passages de *La Vagabonde*, livre écrit en 1910, quatre ans après qu'elle eût divorcé de Willy, et alors que, devenue danseuse et mime, elle connaissait la vie dure des tournées de music-hall, nous font saisir combien elle avait été attachée a ce premier mari. « Mon Dieu ! que j'étais jeune et que je l'aimais, cet homme-là, et comme j'ai souffert !... Après les premières trahisons, après les révoltes et les soumissions d'un jeune amour qui s'opiniâtrait à espérer et à vivre, je m'étais mise à souffrir avec un orgueil et un entêtement intraitables ». Certes, la Vagabonde divorce parce qu'après avoir été trop patiente et trop soumise, et s'être révélée à elle-même de la « vraie race des femelles », elle en est venue à préférer risquer la misère, avant le suicide, plutôt que de vivre encore avec l'homme qui l'a tant fait souffrir. « Ne plus subir l'attente nocturne, nous dit-elle, la veille qui glace les pieds, dans le lit trop grand,

---

(1) *Mes apprentissages*.

ne plus former ces projets de vengeance qui naissent dans le noir, qui enflent aux battements d'un cœur irrité, tout empoisonné de jalousie, puis crèvent au tintement d'une clef dans la serrure, et lâchement s'apaisent lorsqu'une voix connue s'écrie : « Comment ? tu ne dors pas encore ? — J'en avais assez. On ne prend pas l'habitude de la jalousie ».

Ce passage est l'un des rares où Colette s'étende sur un sentiment qu'elle a bien dû connaître elle-même, et dont elle ne donnera nulle part ailleurs, pas même dans *La Seconde,* une analyse plus fine. Ne pas employer, du moins pas immédiatement, la matière de sa propre expérience, ne pas la transcrire dans le temps même qu'elle est la plus brûlante, c'est là tout l'art de l'écrivain. C'est en tout cas un des ressorts les plus importants de l'activité créatrice de Colette.

Les seules paroles qu'elle s'accordera sur le regret, elle les placera également dans la bouche de Renée Nérée, la Vagabonde. « Toi qui m'as trouvé une fois, dit l'amour sans miséricorde, tu me perds à jamais... Je t'ai pris, poursuit-il, ce que tu peux donner seulement une fois : la confiance, l'étonnement religieux de la première caresse, la nouveauté de tes larmes, la fleur de ta première souffrance ». Il y a là un accent passionné qui ne peut tromper. Et si Colette devait s'écrier un jour : « Voyez-vous que le hasard ait fait de moi une de ces femmes cantonnées dans un homme unique, au point qu'elles en portent jusque sous terre une ingénuité confite de vieille fille ! D'imaginer un pareil sort mon double charnu en tremblerait s'il pouvait trembler encore, d'un péril rétrospectif » (1) nous donnant à rêver sur la Colette romancière que nous aurions eue si la fidélité lui avait été permise, elle devait nous dire aussi, dans *Mes Apprentissages*, se reportant à ce temps de lutte et de souffrance : « Ce sang monogame que je portais dans mes veines, quelle incommodité !... Aimais-je encore pour demeurer, attendre, et encore at-

(1) *La Naissance du Jour.*

tendre ? Lorsqu'un amour est véritablement le premier, il est malaisé d'affirmer : à telle date, de tel forfait, il mourut ».

Il est certain que pendant bien des années, elle fut docile, et qu'une des injonctions les plus fréquentes de Willy la trouvera longtemps soumise et ponctuelle à sa tâche : « Vite, mon petit, vite, il n'y a plus un sou dans la maison ! » — « Vite, nous dit Colette, j'écrivais les *Claudine* en quatre volumes, *Minne, Les Egarements de Minne*... A *La Retraite Sentimentale*, je renâclai. » (1).

Car c'est bien cet homme, en effet, qui devait, un an et demi ou deux ans après leur mariage, avoir ces mots si pleins de conséquences : « Vous devriez jeter sur le papier des souvenirs de l'école primaire. N'ayez pas peur des détails piquants, je pourrais peut-être en tirer quelque chose. Les fonds sont bas. » Et bien que Colette nous dît en avoir ressenti d'abord un grand ennui, elle ajoute : « Sur un bout de bureau, la fenêtre derrière moi, l'épaule de biais, et les genoux tors, j'écrivis avec application et indifférence ». Elle avait retrouvé chez un papetier des cahiers d'école (ah ! ce goût des objets de bureau !), « leurs feuilles vergées, rayées de gris à barre marginale rouge », lui avaient remis aux doigts « une sorte de prurit du pensum et la passivité d'accomplir un travail commandé ».

Ce qu'elle commençait d'écrire là, c'était le manuscrit de *Claudine à l'école*. Et si Willy, déçu d'abord, ne vit pas immédiatement quel parti il pouvait en tirer, il devait quelques mois plus tard, retrouvant les cahiers qu'il avait serrés dans un tiroir de son bureau et les parcourant de nouveau, sauter tout à coup sur son chapeau et courir chez son éditeur.

« Voilà comment je suis devenu écrivain », conclura simplement Colette.

C'était en l'année 1900. Durant cinquante années, elle ne devait plus s'arrêter d'écrire.

(1) *Mes Apprentissages.*

IV

LES CLAUDINE

La mise en place du decor romance de Colette

> « *L'amour n'est pas un sentiment honorable* ».
> (La Naissance du Jour).

... « Je savais grimper, siffler, courir, mais personne n'est venu me proposer une carrière d'écureuil, d'oiseau ou de biche. Le jour où la nécessité me mit une plume en main, et qu'en échange des pages que j'avais écrites on me donna un peu d'argent, je compris qu'il me faudrait chaque jour, lentement, docilement écrire, patiemment concilier le son et le nombre, me lever tôt par préférence, me coucher tard par devoir », et Colette conclura : « Un jeune lecteur, une jeune lectrice, n'ont pas besoin d'en savoir davantage sur un écrivain caché, casanier et sage, derrière son roman voluptueux... (1)

Voluptueux, tous les premiers romans de Colette le furent, comme en vertu d'un pli dont on ne veut plus se défaire. Willy lui avait recommandé, pour *Claudine à l'école* : « Echauffez un peu ces enfantillages. Par exemple, entre Claudine et l'une de ses camarades, une amitié trop tendre... vous voyez ce que je veux dire ? »

(1) *Journal à Rebours*.

Nous voyons très bien. C'est effectivement à ces directives que Colette va désormais se conformer « Rien ne rassure autant qu'un masque », nous dit-elle. « La naissance et l'anonymat de Claudine (toute la série, en effet, paraîtra sous le nom de Willy qui en tirera un surcroît de notoriété littéraire, se faisant passer pour le « père des Claudine ») me divertissaient comme une farce un peu indélicate, que je poussais docilement au ton libre. »

Colette avouera plus tard qu'elle n'aima guère son premier livre ni les trois qui suivirent, et qu'avec le temps elle a continué de les juger sévèrement. Car ces « Claudine font l'enfant et la follette sans discrétion... et révèlent l'insouciance de nuire » — « Dans vingt ans, dans trente ans, lui avait prédit Catulle Mendès, vous verrez ce que c'est que d'avoir, en littérature créé un type. C'est une sorte de châtiment qui vous suit... Une récompense insupportable qu'on vomit ».

« Que n'ai-je créé un type qui fut, par sa simplicité, par sa ressemblance, plus digne de durer ! » s'écriera Colette et le temps prouvera sans doute qu'elle ne s'est pas trompée. Si nous nous montrons aujourd'hui sévères pour ces ouvrages, ce n'est peut-être pas pour les seules raisons que Colette nous a données. Le personnage de Renaud, par exemple, lui semblait « plus creux, plus léger et vide que ces pommes de verre filé pour orner les arbres de Noël et qui s'écrasent dans la main en paillettes étamées ». Mais outre qu'il n'y a pas d'unité psychologique du personnage d'un livre à l'autre, et que l'homme tendre et réservé de *Claudine à Paris* ne devrait pas être le corrupteur de *Claudine en ménage*, ni celui qui mourra, apaisé et fraternel, dans *La Retraite Sentimentale*, ces ouvrages souffrent tous du mot d'ordre donné par Willy qui consiste à émoustiller le lecteur, à ferrer le plus grand nombre de poissons possibles. D'où, sous le prétexte des aventures d'une gamine qui découvre la vie à travers ses premiers émois sensuels, la présence de comparses qui se doivent d'être à tout prix aguicheurs. Ainsi trouverons-nous hantant les coulisses, d'un livre à l'autre, cette « loque de soie » qu'est Annie, jeune femme en perpétuelle recherche d'un amant, et Marcel, jeune inverti de seize ans qui, quoique encore potache, est campé à la façon d'un Charlus enragé de chair fraîche et détournant déjà, comme un vieux jouisseur, les écoliers de sa classe. Colette utilisera l'homosexualité, comme un hameçon dans tous ses romans jusqu'à *La Vagabonde* paru en 1910. On le retrouvera ponctuel versant sa part d'ambiguïté explicite, monotone, à la façon d'un tic. Quant à l'héroïne principale, nous savons suffisamment, depuis *Claudine à l'Ecole* (livre de beaucoup le meilleur de la série, car il se détache sur un fond de campagne, qui apporte de brusques bouffées d'air frais à toute cette volée de jeunes écolières, saisies en plein âge trouble de la puberté), que les expériences, tant masculines que féminines, ne lui font pas peur.

Ce qui est déjà frappant ici, c'est qu'à défaut d'un épanouissement du cœur, ce que recherche la femme, c'est toujours la volupté. Les Claudine d'avant *La Retraite sentimentale*, les Annie, les Minne, point du tout ingénues, mais « libertines », n'auront pas d'autre occupation que de satisfaire leur sensualité à la faveur « d'égarements » répétés. « Moi, c'est mon corps qui pense, il est bien plus intelligent que mon cerveau », s'écriera Annie. Dans cet univers de la seule sensation physique que nous décrit Colette, le sous-entendu, ou plutôt le déshabillé préféré au nu, à la manière de M. Willy, apporte une perversité de plus.

Les quelques touches de mauvais goût que l'on trouve dans ces premiers livres sont encore une raison de leur fragilité. Nous ne trouverons plus, par la suite, dans l'œuvre de Colette, un morceau comme celui-ci : « Mon grand, mon beau, je vais faire salon. Allez voir dans votre bureau si j'y suis... » — « Je te gêne donc », demande encore, penché sur elle, ce mari aux cheveux blancs, dont les yeux regardent si jeunes. Sa femme se hausse sur la pointe des pieds, relève à deux mains les longues moustaches de Renaud et lui plante sur la bouche un baiser qui chante pointu » (1). Le milieu social qui sert de toile de fond à ces livres, s'est démodé sans atteindre jusqu'au style, par la faute sans doute d'une simplification trop grande des personnages ; leur psychologie ne s'adresse qu'à ce premier venu indéfiniment multiplié qu'est « le grand public ». En cela, Willy ne s'était pas trompé quant au but recherché : la plus grande vente possible. Ce qui semblait alors le scabreux des sujets traités, l'audace dont témoignaient les jeunes émancipées, qui revendiquaient une liberté sensuelle égale à celle de l'homme, dispensait d'une psychologie approfondie.

Se frayant passage à travers ces femmes quêteuses de plaisir et ces hommes dont la seule mission semble être de « délivrer en chacune la petite bête mauvaise et sans scrupule », viennent à nous, frais débarqués de l'arche d'où Colette, plus tard, fera surgir tous ses animaux familiers, les deux premiers délégués réconfortants du règne animal, les deux seuls représentants de la pureté : le chat Fanchette et Toby-Chien.

A partir du moment où elle rentre en elle-même, Colette retrouve cette noblesse qui lui est propre : la communion avec la nature et les bêtes. Les dernières pages de *La Retraite sentimentale* sont imprégnées de cette sève nourricière, et ce sont elles qui font illusion sur la valeur réelle du livre. Elles ouvrent la brèche par laquelle nous fuyons loin d'intrigues humaines qui n'ont pas su nous retenir. A la fin de *Claudine en ménage,* nous nous retrouvons aussi face à face avec ce personnage, seul vraiment essentiel : l'enfance. Revenue à Montigny, après les amours partagées de Renaud et de Rézi, Claudine s'écrie : « Assise sur mon petit lit bateau, le premier sourire de ma chambre d'enfant m'inonde de larmes, larmes claires comme ce rayon qui danse en sous d'or aux vitres... On m'a fait du mal, mal salutaire ? Je suis près de le croire, car enfin je

---

(1) *Claudine s'en va.*

ne puis pas être tout à fait malheureuse à Montigny, dans cette maison ». Etendue au pied d'un noyer, elle se sent devenir arbre, on a envie d'écrire « redevenir arbre » ; ce retour à la nature la délivre de toute impureté humaine, et lui redonne son ancienne innocence.

Ces impressions ne sont pas éloignées de celles qu'aurait pu éprouver la Colette de quinze ans. Or, tout en accomplissant sa tâche de bonne élève (dès *Claudine à l'école*, pour laquelle Willy n'avait omis aucun procédé de publicité, le succès avait été prodigieux et il s'agissait d'exploiter la formule), quel âge atteignait-elle ? Colette nous renseigne elle-même : « Trente ans. Déjà, l'âge où s'agrègent... les forces qui assurent la durée... L'âge de ne plus mourir pour personne, ni de personne. Déjà, ce durcissement que je compare à l'effet des sources pétrifiantes ». Mais en cela elle se trompait. « Ce puissant et sensuel génie qui crée et nourrit les visions enfantines », dont elle nous assure qu'il meurt en nous par « défaillances successives », n'est jamais mort en elle. Rompant six mois par an avec la vie de Paris et l'appartement marital où Willy donnait audience à toutes les femmes qui lui plaisaient, elle gagnait, en Franche-Comté, cette propriété des Monts-Boucons (1) que Willy lui avait octroyée libéralement afin d'accroître le rendement de son travail. Là, en dehors des visites de surveillance qu'il lui faisait », elle goûtait « une solitude analogue à celle des bergers », entre le bouledogue Toby-Chien « qui vivait et mourait d'émotion » et l'angora Kiki-la-Doucette. Et, s'il était vrai qu'elle changeait, ce n'était pas dans le sens que pouvait désirer un manager indélicat : « Pendant que j'écrivais *La Retraite sentimentale*, je développais des forces qui n'avaient rien à voir avec la littérature... Je changeais. Qu'importe que ce fût lentement ! Le tout est de changer... Je m'éveillais vaguement à un devoir envers moi-même, celui d'écrire autre chose que les

---

(1) Dont elle devait faire le Casamène de *La Retraite sentimentale*.

Claudine. Et goutte à goutte, j'exsudais les *Dialogues de bêtes* (qu'elle obtint la permission de faire paraître sous son seul nom), où je me donnais le plaisir, non point vif, mais honorable, de ne pas parler de l'amour ». Elle ajoutera : « Je ne me suis reprise à mettre l'amour en roman, et à m'y plaire, que lorsque j'eus retrouvé de l'estime pour lui — et pour moi » (1).

Plus tard, se rappelant ce temps où, comme d'autres acolytes anonymes, elle travaillait « aux ateliers de Monsieur Willy », Colette devait admettre qu'elle avait bel et bien connu la vraie geôle, le clef que l'on tourne dans la serrure, la liberté rendue quatre heures après, sous condition de montrer alors, non pas « patte blanche, mais, au contraire, pages noircies ». Cependant, la fenêtre n'était pas grillée et elle eût pu rompre sa « longe » si elle l'eût voulu. Aussi se demande-t-elle, en conclusion de ces années d'étude et de mélancolie : « On apprend donc à vivre ? Oui, si c'est sans bonheur. La béatitude n'enseigne rien. Vivre sans bonheur, et n'en point dépérir, voilà une occupation, presque une profession. »

C'est à cette profession de ne pas être heureuse, que nous devrons la tonalité de ses romans, qui auront tous pour thème, sauf deux exceptions (2) l'échec de l'amour.

Lorsqu'un beau jour de 1906, elle entendit le : « Tout est fini », de la part, nous dit-elle, « de l'homme qui, le premier disposa de moi », que sans cri, sans drame, mais aussi sans recours possible, la séparation s'effectua « avec une modération, un silence comme par temps de neige », et qu'elle se trouva, installée seule, le divorce prononcé, dans un petit rez-de-chaussée de la rue de Villejust, entre la chatte et le chien, une vie nouvelle, certes, commençait. Cette première expérience, Colette ne devait jamais l'oublier, ni la pardonner. Elle avait tout à affronter. Il lui fallait travailler pour vivre. Sa réputation littéraire était nulle. Le public

(1) *Mes Apprentissages*.
(2) *Mitsou* et *Gigi*.

ne connaissait que le nom de Willy, elle avait à imposer celui de Colette. Son goût de l'indépendance allait se renforcer durant cette épreuve. Le divorce, en 1905, était encore considéré comme scandaleux. Cependant, Colette accepta courageusement de passer pour doublement déclassée, en étant une femme divorcée et en devenant mime dans des tournées de music-hall pour gagner sa vie (1). Ces années de music-hall achèveront d'influer sur son caractère. Les autres péripéties de sa route (hors toutefois la vieillesse qui prendra chez elle une inflexion si particulière) n'auront pas d'incidence sur son œuvre.

Faisant le bilan de ces treize années, Colette s'adressant a son reflet dans le miroir s'écriera : « Ce que j'ai perdu, c'est mon orgueil, la certitude d'être une enfant précieuse, de sentir en moi une âme extraordinaire d'homme intelligent, une âme à faire éclater mon petit corps. Hélas, j'ai perdu presque tout cela, à ne devenir après tout qu'une femme... Qui est venu, pour me couper mes tresses de Cybèle ? » (2).

Celui qui était venu pouvait maintenant disparaître ; instrument de cette révélation douloureuse qu'il y a antinomie absolue entre l'orgueil et l'amour, entre la fierté ardente de l'enfance, seule patrie de l'absolu et le compromis auquel il faut se résoudre pour tirer parti de la vie, il léguait à Colette maints accessoires du décor qui serait désormais celui de son univers romancé.

---

(1) Elle dira dans *La Vagabonde* : le music-hall, c'est le métier de ceux qui n'en ont pas.
(2) *Les Vrilles de la Vigne*.

V

DE *LA VAGABONDE* AUX AUTRES HEROINES DE COLETTE

> « *Les plus beaux pays de la terre, je refuse de les contempler, tout petits, au miroir amoureux de ton regard...* »
>
> La Vagabonde.

Colette devait effectivement reparler d'amour, mais sans jamais retrouver de véritable estime pour lui. Au sentiment d'exaltation qu'elle avait connu lorsqu'il lui semblait à chaque aube reprendre possession du monde, avait fait place le secret mépris de soi-même, le mépris de la dépendance qui lie la femme à l'homme et l'homme à la femme par des habitudes assez inavouables qu'elle était trop lucide pour habiller, comme la plupart des êtres, de prétextes flatteurs. Echappée à la tyrannie des sens et de la jalousie, elle désire ne plus retomber de sitôt au piège. L'angoisse de se sentir captive, elle l'exprimera par la bouche de « la chienne trop petite » qui dit à sa maîtresse : « Je me souviens de ma soudaine gravité et de cette suavité accablante qui me couchait, toute, sur une de vos mains tendues... C'en était fait : je vous aimais. Je savourais l'irrémédiable mélancolie de chérir qui vous aime... la crainte affreuse de perdre ce que l'on a douté de posséder jamais » (1).

(1) *La Paix chez les bêtes.*

« Tout ce qui est aimé vous dépouille » (1), devait écrire Colette un jour. Cette amère constatation, nous la retrouverons comme un leit-motiv à travers toute son œuvre. C'est pour échapper à cette fatalité de dépouillement que Renée Nérée, instruite par une première expérience malheureuse (2), et devenue artiste de music-hall, préfère désormais se soustraire à l'amour plutôt que d'aliéner une nouvelle fois sa liberté. Les déboires, les luttes de Renée Nérée sont, sans doute à peine déguisés, ceux de la romancière elle-même.

Dès *La Naissance du Jour*, Colette, évoquant son œuvre, presque entièrement dédiée à l'amour, nous permettra, par cette phrase, de la saisir à travers certains de ses personnages féminins : « Au long du papier bleuâtre, nous dit-elle, je consignais quelque chapitre dédié à l'amour, au regret de l'amour, un chapitre tout aveuglé d'amour. Je m'y nommais Renée Nérée, ou bien, prémonitoire, j'agençais une Léa ». C'est donc à *La Vagabonde* que sera dévolu le soin d'exprimer ce sens ombrageux de l'indépendance qui se fait jour maintenant librement en Colette (3).

---

(1) *Bella-Vista*.

(2) Une union avec un certain Adolphe Taillandy, dont le modèle ne semble pas avoir été cherché bien loin, et dont elle nous dit que l'adultère n'était pour lui qu'une des formes — et non la moins délectable — du mensonge.

(3) Nous trouvons effectivement, dans *Mes Cahiers*, cette « note », datée de 1908 : « Il faut bien que je l'avoue, la tournée m'a prise à son attrait fait d'imprévu, d'espoir, d'irresponsabilité, de curiosité sans cesse satisfaite, sans cesse renouvelée. Fatiguée, hâlée avant l'été, les cheveux ternes... je songe cependant : Quand repartirai-je ? Quand reprendrai-je cette vie de romanichelle appointée, qui regarde passer les clochers, les forêts et les fleuves ? » Et les deux articles: *Là-haut* et *En Ballon (Dans la Foule)*, nous communiquent aussi ce plaisir aigu et tout physique de Colette, à se sentir sans entraves, adonnée seulement à une faim de prospection inconnue. Pourtant le petit passage suivant : « Les départs m'attirent et m'émeuvent mais un dernier fantôme ne demeure-t-il pas assis au coin de la che-

Le désir de la liberté sous-tend toute l'action de *La Vagabonde*. Au lieu de revenir, à la fin d'une tournée, auprès de l'homme riche et tendre qui lui propose de l'épouser, elle s'éloigne à jamais : « Va ! lui dit-elle, tu resteras longtemps une des soifs de ma route ! » Elle a choisi de le sacrifier à la solitude, à la liberté, à son « travail plaisant de mime et de danseuse », à une prise en charge de soi, somme toute honorable.

Pourtant, comme il est difficile à juguler, cet instinct de l'enfant qui voudrait se blottir dans des bras protecteurs : « Vaincrai-je aussi, plus dangereux cent fois que la bête goulue, l'enfant abandonnée qui tremble en moi, faible, nerveuse, prompte à tendre les bras, à implorer : « Ne me laisse pas seule ! » Celle-ci craint la nuit, la solitude, la maladie et la mort, elle tire les rideaux, le soir, sur la vitre noire qui l'effraie, et se languit du seul mal de n'être point assez chérie... »

Qu'il est difficile aussi de résister à son propre corps ! « L'évasion, comment y parvenir ?... Le premier obstacle où je bute, c'est ce corps de femme allongé qui me barre la route, un voluptueux corps aux yeux fermés, volontairement aveugle, étiré, prêt à périr plutôt que de quitter le lieu de sa joie. C'est moi, cette femme-là, cette brute entêtée de plaisir. » « Tu n'as pas de pire ennemie que toi-même ! » Et ! je le sais, mon Dieu, je le sais ! »

Nous aurons à cette occasion une des plus belles descriptions voluptueuses de Colette, descriptions qui sont, en fait, assez rares dans son œuvre : « Je n'ai pas fermé les yeux. Je fronce les sourcils, pour menacer au-dessus de moi ces prunelles qui cherchent à réduire, à éteindre les miennes... Le baiser s'anime, insiste, s'écrase, et se reprend, se fait mouvant, rythmé, puis s'arrête comme pour attendre une réponse qui ne vient pas... (Plus loin elle parlera du « lent écrasement,

---

minée ? » (*Mes Cahiers*), nous indique que sa fidélité à certains lieux dut toujours être un empêchement à ses velléités de nomadisme.

l'une contre l'autre, de deux fleurs, où vibre seulement la palpitation de deux pistils accouplés »). « Tout à coup, malgré moi, ma bouche s'est laissée ouvrir, s'est ouverte, aussi irrésistiblement qu'une prune mûre se fend au soleil... De mes lèvres jusqu'à mes flancs, jusqu'à mes genoux, voici que renaît et se propage cette douleur exigeante, ce gonflement de blessure qui veut se rouvrir et s'épancher, la volupté oubliée... »

Grande est la tentation de s'abandonner complètement. Mais Renée Néréa ne s'y trompe pas : « Il ne me veut aucun bien, cet homme, il me veut. L'ardent désir qu'il a de moi le gêne comme une arme encombrante. » La femme sait que le vieil adversaire, c'est l'homme qui serait destiné à la posséder un jour. Mais elle sait aussi que « la volupté tient dans le désert illimité de l'amour une ardente et très petite place ». Elle épargnera donc à sa manière l'homme qui l'aime en ne se donnant pas à lui. « Cher intrus, que j'ai voulu aimer, lui dira-t-elle dans sa lettre d'adieu, je te laisse ta seule chance de grandir à mes yeux : je m'éloigne... N'es-tu pas, en croyant donner, celui qui accapare ? Tu étais venu pour partager ma vie... Partager, oui, *prendre ta part* ! Etre de moitié dans mes actes. »

✭

> « *Souffrir... c'est peut-être une manière d'occupation sans dignité.* »
>
> (La Naissance du Jour).

La Vagabonde tient une place tout à fait à part dans l'œuvre de Colette, car c'est la présence de Colette elle-même qui gonfle tout le livre comme une voile en partance. L'optique changera dans les ouvrages suivants, d'où la romancière est volontairement absente. Car si son goût de l'indépendance devait s'affirmer toujours davantage, elle a octroyé, en revanche, à ses héroïnes la vassalité qu'elle a rejetée pour elle-même. Ne nous avait-elle pas dit que, durant ses premières années d'apprentissage, elle avait acquis son art le plus certain « qui n'était pas celui d'écrire, mais l'art domestique de savoir attendre, dissimuler, ramasser des miettes, reconstruire, recoller, redorer, changer en mieux-aller les pis-aller, perdre et regagner dans le même instant le goût frivole de vivre ? » Toutes les héroïnes de Colette sont, ou seront, des ramasseuses de miettes ; elles ont toutes pour fonction de « cacher, effacer, oublier », et elles participent toutes à cette résistance infinie qui est celle de la femme dans la douleur.

La Vagabonde nous l'affirmait déjà : « Une femme ne peut guère mourir de chagrin. C'est une bête si solide, si dure à tuer ! Vous croyez que le chagrin la ronge ? Point. Bien plus souvent elle y gagne, débile et malade qu'elle est née, des nerfs inusables, un inflexible orgueil, une faculté d'attendre, de dissimuler, qui la grandit, et le dédain de ceux qui sont heureux. Dans la souffrance et la dissimulation, elle s'exerce et s'assouplit, comme à une gymnastique quotidienne pleine de risques ».

Et Renée Nérée concluait qu'on avait bien tort de s'écrier, devant la résistance de certaine femme : « Elle est en acier. » Alors qu'il fallait dire : « Elle est en femme, simplement, et cela suffit ».

Ceci nous indiquait déjà l'éthique que Colette conférerait à la plupart de ses héroïnes. Mais désormais, nous assisterons aussi à un autre phénomène. Les *Claudine* nous avaient habitués à une froide recherche du plaisir. A dater de *La Vagabonde*, dès lors qu'elles auront trouvé ce plaisir, les héroïnes de Colette, ardentes amoureuses, seront totalement livrées à l'homme qui le leur dispense. Si Colette pourra nous dire, dans *La Naissance du Jour* : « Ma sensualité, qui eut toujours les yeux plus grands que le ventre », il n'en va pas de même des femmes qu'elle a campées dans ses romans. L'héroïne du *Képi* en est peut-être l'exemple le plus frappant. Marco, avant d'aimer un filleul de guerre bien plus jeune qu'elle, était une femme sensible et grave ; amoureuse, il semble qu'elle perde toute faculté intellectuelle et qu'elle cesse même de penser, victime de ce que la psychanalyse appelle : le déchaînement banal.

Désormais, de *La Chatte* à *Julie de Carneilhan*, en passant par *Le Blé en herbe* et *La Seconde*, *Chéri* et *La Fin de Chéri*, le cycle de ses romans sera entièrement centré sur les rapports décevants que l'homme entretient avec la femme ; rapports dont la seule vérité est fondée sur les exigences des sens qui, eux, ne risquent pas de tromper, à la différence du cœur ou des sentiments, dont Colette nous démontre toujours qu'ils ne subsistent plus, une fois le désir passé. L'amour ne sera le plus souvent qu'un corps à corps entre deux partenaires, ou plutôt deux adversaires, qui s'épient, se méfient l'un de l'autre, et n'ont d'entente et d'intimité possible que sur le plan physique, tout en continuant à se livrer un combat sournois, parfois rancunier, toujours sans estime.

Dès la prime adolescence, le combat est engagé et dans *Le Blé en Herbe,* nous pourrons suivre comment Vinca et Philippe, âgés d'une quinzaine d'années, et tourmentés par la sourde ardeur qui les pousse l'un vers l'autre, en viendront peu à peu, au cours de vacances familiales sur une plage bretonne, à quitter le terrain de la camaraderie pour des jeux moins innocents.

Nous sommes frappés par la qualité des nuances, l'art de rendre les plus petites variations d'un être, dès lors qu'il s'agit de le saisir dans cet état où il s'incarne, on a envie de dire « où il s'englue » le plus complètement : la sensation amoureuse. Chez ces enfants de quinze ans tout est déjà en puissance : la recherche, l'attaque aveugle de l'homme, ce qui sera plus tard aussi sa déception et sa lassitude, l'attente rusée et passive de la femme, sa condition de proie qui n'est au monde que pour être dévorée.

Surprise à cet âge ambigu où l'adolescente semble balancer si elle sera femme ou garçon, Vinca, avec ses cheveux courts, « éparpillés en paille raide et dorée », et « son béret décoloré comme un chardon des dunes », retrousse, lorsqu'elle va pêcher la crevette, sa jupe « sur deux longues jambes brunes au genou sec et fin » avec « une sérénité de petit garçon », mais elle n'en est pas moins vouée à une destinée de femme. De temps en temps, « la férocité enfantine » se glisse encore, miséricordieuse, entre elle et Phil, mais la femme future doit déjà apprendre à se taire et à souffrir de ce qu'elle tait. Que sous l'effet d'une colère amoureuse elle se montre à Phil, soudain effrénée, « empourprée de courroux... la bouche rouge et sèche, le nez élargi par un souffle coléreux, les deux yeux d'un bleu de flamme », et qu'elle se mette à crier, « à l'aise dans sa fureur féminine, comme un pétrel sur une rafale », cela ne la livre que mieux au domaine sans issue de la future femme, à ses colères impuissantes et stériles. A son jeune compagnon le risque, la liberté, la possibilité de changer ; à elle, « la mission de durer, dévolue à toutes les espèces femelles, et l'instinct auguste de s'installer dans le malheur en l'exploitant comme une mine de matériaux précieux ». Elle a bien failli un jour s'abandonner à un geste de désespoir, mais, lorsqu'elle se découvre une rivale, brusquement, un lien nouveau l'attache à la vie : « Tu peux être tranquille, Phil ! Je ne me tuerai pas à cause de cette femme-là. Il y a six semaines... Oui, je me laissais glisser, là, jusqu'en bas. Mais ce jour-là, c'était pour toi que je mourais, et pour moi... » (1).

Nous sommes là, en plein domaine du mystère de la femme. La rivalité, voilà ce qui la pique et la vivifie. Pour Vinca, les jeux sont déjà faits, le tout est de savoir si elle saura remplir le seul destin auquel la femme puisse prétendre et qui est de préserver les miettes d'un

(1) Cette réaction est suffisamment significative pour que nous indiquions en regard que Colette, dans *Mes Apprentissages*, nous révèle que la découverte de la première infidélité de son mari lui avait donné à l'extrême, elle que son brusque passage de la campagne à la ville avait frappée d'une sorte de maladie de langueur, ce qu'elle nomme : « le goût de durer et de se défendre ».

bonheur, en dissimulant, en rusant avec le maître et en acceptant de l'attendre toujours.

★

Le combat commencé sur le plan de l'enfance, nous allons le voir se poursuivre chez des êtres à peine sortis de l'adolescence, dans un roman *La Chatte*, où Colette réussit à camper au premier plan la dignité, le mystère de l'animal, dans un univers où l'homme est de la plus stricte indigence. Ici, point d'autre sujet que celui d'un jeune couple que la personne — on ne peut dire autrement — de la chatte Saha désunira. Camille, la jeune femme, est jalouse des soins perpétuels de son mari pour cette chatte, « ce petit pigeon bleu, ce démon couleur de perle », qu'il a introduite comme une rivale, ou plutôt comme la maîtresse véritable — Camille n'étant elle-même qu'une intruse — dans le domicile conjugal. Saha est la seule « personne de qualité », ainsi que l'appelle Alain. Impossible de concevoir banalité plus grande que celle de ce couple dont les rêves ne visent pas plus haut que les sports d'hiver ou le cabriolet à deux places. On imagine la platitude de leurs dialogues, l'absolue méconnaissance que ces deux êtres ont l'un pour l'autre. Camille croit pourtant progresser dans l'intimité de son mari, « car elle notait, orgueilleuse, l'habitude qu'Alain prenait d'user d'elle », incapable de comprendre que c'était « une habitude presque hargneuse, rapide, corps à corps, d'où il la rejetait, haletant, pour gagner le côté frais du lit découvert ». Dans cet isolement reconquis, il « recherchait alors en paix les sources de ce qu'il nommait leur incompatibilité. Il avait la sagesse de les situer hors des possessions fréquentes » et « remontait aux retraites où l'inimitié, de l'homme à la femme se garde fraîche et ne vieillit jamais ». Pour Alain, décidément, il n'y a qu'un compagnonnage possible, celui de la chatte.

Même sans paroles, même sans gestes, la tendresse de

l'homme pour l'animal se fait sensible, et Camille ne peut se retenir de prononcer un jour, au sujet de Saha, le mot de rivale (1). Rivale, songe aussitôt Alain, en s'adressant intérieurement à Camille, « comment serait-elle ta rivale ? Tu ne peux avoir de rivales que dans l'impur ». En effet, si la femme, selon lui, est vouée à toutes les louches entreprises, Saha, elle, appartient au domaine du « pur ». A elle seule pourra s'appliquer le terme de « petite âme ».

Un soir, le drame éclatera. Il aura pour cadre un balcon dominant Paris, au haut d'un immeuble de neuf étages, tout en vitres et en ciment. Le passage, un des plus beaux de l'œuvre de Colette, est entièrement à citer :

« Un soir de juillet qu'elles attendaient toutes deux le retour d'Alain, Camille et la chatte se reposèrent au même parapet, la chatte couchée sur ses coudes, Camille appuyée sur ses bras croisés...

« Elles échangèrent un coup d'œil de pure investigation, et Camille n'adressa pas la parole à Saha. Elle se pencha comme pour compter les étages de stores orange largués du haut en bas de la vertigineuse façade, et frôla la chatte qui se leva pour lui faire place, s'étira, et se recoucha un peu plus loin.

« Camille bâilla nerveusement, se redressa et fit quelques pas distraits, se pencha de nouveau, en obligeant la chatte à sauter à terre. Saha s'éloigna avec dignité et préféra rentrer dans la chambre. Mais la porte avait été refermée, et Saha s'assit patiemment.

« L'œil au loin, immobile, Camille lui tournait le dos. Pourtant la chatte regardait le dos de Camille, et son souffle s'accélérait. Elle se leva, tourna deux ou trois fois sur elle-même, interrogea la porte close... un miau-

---

(1) Dans la *Paix chez les Bêtes*, nous trouvons, à l'inverse, la description de la jalousie d'un animal envers un humain, quand la chienne dit à la jeune femme que lui a préféré son maître : « Non, tu ne sauras jamais à quelle heure j'ai voulu m'élancer, refermer mes dents sur ta gorge et ne plus bouger, et entendre ton sang murmurer comme un ruisseau. »

lement long, désolé, lui échappa, et Camille fit volte face.

« Elle était un peu pâle, c'est-à-dire que son fard évident dessinait sur ses joues deux lunes ovales. Elle contraignit la chatte, que son pied allait meurtrir, à regagner d'un saut son étroit observatoire... Saha s'était reprise, et fût morte plutôt que de jeter un second cri. Traquant la chatte sans paraître la voir, Camille alla, vint, dans un complet silence. Saha ne sautait sur l[e] parapet que lorsque les pieds de Camille arrivaient su[r] elle, et elle ne retrouvait le sol du balcon que pou[r] éviter le bras tendu qui l'eût précipitée du haut des neu[f] étages.

« Elle fuyait avec méthode, bondissait soigneuse[ment], tenait ses yeux fixés sur l'adversaire. L'émotio[n] extrême, la crainte de mourir, mouillèrent de sueur l[a] sensible plante de ses pattes, qui marquèrent des empreintes de fleurs sur le balcon stucqué.

« Camille sembla faiblir la première, et disperser s[a] force criminelle. Elle donna un coup d'œil à son bracelet-montre... Saha sentit chanceler la fermeté de so[n] ennemie, hésita sur le parapet, et Camille, tendant le[s] deux bras, la poussa dans le vide.

« Elle eut le temps d'entendre le crissement des gri[f]fes sur le torchis, de voir le corps bleu de Saha tord[u] en S, agrippé à l'air avec une force ascendante de truite[,] puis elle recula et s'accota au mur » (1).

.. ..

Quand le mari reviendra, portant dans ses bras Saha qui, ayant rebondi, de stores en stores jusque sur l[a] pelouse, a miraculeusement échappé à la mort, le couple n'a plus qu'à se séparer. Alain songe avec un senti[ment] de délivrance : « On se tait, on dort, on respir[e] l'un sans l'autre », Camille voudrait bien maintenant s[e] montrer conciliante et accorder sa place à l'intruse. Ma[is] Alain la juge froidement : « Comme elle est à l'aise dan[s] tout ce qui m'est insoutenable, songe-t-il... Déjà ell[e]

(1) *La Chatte.*

rganise, déjà elle jette des fils de trame, des passe-elles, déjà elle ramasse, recoud, retisse... C'est terri-le. »

Nous avons saisi sur le vif le manque de connaissance ue deux créatures peuvent avoir l'une de l'autre. C'est oujours la solitude intégrale dans un univers sans échappatoire vers quoi que ce soit qui le dépasse.

★

Nous retrouverons dans *La Seconde* cette méconnais-ance des êtres les uns à l'égard des autres. Quand anny, la femme actuelle du « Grand Farou », lui de-ande si sa première femme était intelligente, celui-ci épond de la meilleure foi du monde par un : « Je ai peu connue, tu sais », parfaitement révélateur.

Mais le thème essentiel du livre est l'acceptation par ne épouse d'une autre femme à son foyer, non pas en ant que rivale, mais plutôt comme une alliée qui la seconde » dans cette tâche difficile de satisfaire un omme.

Ici s'entremêleront tous les thèmes de la servitude. anny avait certes l'habitude d'être trompée. Pourtant uand elle découvre que Jane, secrétaire de son mari, t femme-à-tout-faire aussi de la maison, Jane, qu'elle royait son amie, la trompe également, elle a un sursaut e révolte. Mais que faire, lorsqu'on est une jeune femme ourmande de tous les plaisirs, ceux de la chair n'étant as les moins délectables ? Que faire, lorsqu'on a pris habitude de plaire aux hommes, précisément par des gestes moelleux d'esclave » ? Que faire, lorsqu'on pour principale activité de « pencher un doux museau 'antilope sur un jeu de cartes » et de recommencer ingt fois une réussite ? (1).

Oui, comment se révolter longtemps contre l'homme ont on dépend ? Fanny connaît d'instinct le code de

(1) Les cartes, voilà pour bien des héroïnes de Colette — voir Camille et Gigi — la grande occupation, en dehors de leur prin-cipal sport : l'homme.

la femme, elle se rallie bien vite à une « attitude sage
et dissimulée »... Ne suffit-il pas que le grand visage
d'homme « aux yeux jaunes » veuille bien rire encore
pour que l'on baisse « le ton à cause de cette bouche
doublée de rouge sanguin », et qu'on apprête son visage
de « servante choyée », son « ouimonchérisme d'esclave ». Que de fois du reste, dans « la fièvre de servir »
Fanny n'avait-elle pas, dans le passé, baisé sa main « un
peu velue comme les feuilles de sauge », tandis que cette
main s'abandonnait libéralement à une caresse presque
timide (1).

Quant à Jane, elle assure que si elle a cédé à Farou,
c'est parce qu'elle savait combien Fanny avait attaché
peu d'importance jusqu'à ce jour aux infidélités de son
époux. Elle n'a jamais éprouvé d'amitié et de considération morale que pour elle, Fanny. « Dieu merci
s'écria-t-elle, vous étiez là aussi... En même temps que
lui... On se sent tellement seule avec Farou. » Si Fanny
l'exige, elle partira sans bruit. Mais Fanny commence
à songer : « Au bout d'une semaine, il l'aurait remplacée... il retrouvera fatalement son espèce favorite et
musulmane de bonheur... mais avec qui, moi, pourrai-je
de nouveau être deux ? On n'est pas trop de deux pour
être seule avec Farou... Contre Farou ! »

L'important semble être, pour les héroïnes de Colette,
de préserver à toute force une vie douillette et toujours
menacée. Jane ne partira pas. C'est tout juste si Fanny
devant la sollicitude de son ancienne amie, réussit à
maîtriser l'élan de sympathie qui la ferait l'attirer dans
ses bras pour l'étreindre « dans une confusion égalitaire
de harem ».

(1) Une nouvelle intitulée *La Main* (dans le recueil *La femme
cachée*) nous indique ce que peut comporter de servilité, pour
les héroïnes de Colette, cette sorte de baiser. Une femme, s'éveil-
lant aux côtés de l'homme qui est maintenant son mari, découvre
sur le drap sa main « rousse et rouge, au pouce spatulé » ; cachant
son dégoût et sa peur « et, commençant sa vie de duplicité, de
résignation et de diplomatie vile et délicate, elle se pencha et
baisa humblement la main monstrueuse ».

Ce livre, quoi qu'on en pense au premier abord, n'est pas une véritable étude de la jalousie, c'est à peine un drame d'amour, mais l'histoire de l'alliance de deux femmes, contre l'homme aimé, cet éternel dispensateur de la solitude.

Dans *Mes Apprentissages*, Colette nous indique comment cette alliance est possible. Se reportant à cette Charlotte Kinceler qui avait été la première maîtresse de Willy elle constate : « d'elle me viennent l'idée de tolérance et de dissimulation, le consentement au pacte avec une ennemie... Nous devînmes, Lotte et moi, non point amies, mais curieuses l'une de l'autre et courtoises comme breteurs réconciliés ». Et tirant la leçon de son expérience, elle conclut : « Je m'étais donné la certitude de ma flexibilité, ainsi j'ai toujours nommé mon empire sur moi-même, estimant qu'il n'y a pas de résistance humaine qui dure, si nous ne savons ployer » (1).

★

Dans sa lutte contre l'homme, il n'est pas question que la femme domine, mais elle peut tout au moins tenter, par la dissimulation et la ruse, de ne pas être totalement vaincue : Camille était trop jeune et trop impatiente, elle a manqué à sa tâche. Ainsi en sera-t-il d'Edmée, la jeune femme de « Chéri » ; faute d'une docilité suffisante, elle ne réussira pas à conquérir son mari.

Les femmes qui vivent de leurs charmes sont les seules, dans l'œuvre de Colette, qui échappent à la passivité : ce sont elles qui soumettent le mâle. La bonne gestion de leurs intérêts, une cupidité saine et

(1) Ici, une référence s'impose à ce passage de *Ces plaisirs* : « Réussissez, comme j'ai fait, à détourner la force amoureuse pour la mettre au service de je ne sais quelle ivresse égalitaire !... Autour d'une abdication consentie entre deux femmes, dont l'une remet à l'autre les pouvoirs de la couche, on respire un air dessaisonné de nourricerie, une odeur de protection louche, de tisane où la feuille d'oranger se charge de masquer le brin d'armoise... »

bien entendue, les sauve. On a pu dire : « Il n'y a qu[e]
la chair qui rêve », mais une chair pour laquelle l'amou[r]
est devenu un exercice tarifé, ne rêve plus du tou[t.]
Rien de plus prosaïque que les demi-mondaines amie[s]
de Léa, que la mère, la tante de Gigi et toutes les femme[s]
de son entourage. La poétique de la chair qui rêve, no[us]
ne la trouverons que chez Mitsou. A travers l'amou[r]
qu'elle commence de porter au Lieutenant Bleu, no[us]
sentons comme le tâtonnement d'une fragile antenne q[ui]
s'efforce de se libérer, et qui est celle de la tendre[sse]
et de l'esprit.

★

A la faveur de ces quelques romans que nous venon[s]
d'analyser, nous pouvons déjà dégager les lignes esse[n]tielles de l'œuvre romancée de Colette. On a préten[du]
que la psychologie masculine de ses personnages éta[it]
moins fouillée que la psychologie féminine ; mais C[a]mille n'est pas plus complexe qu'Alain, ni Vinca q[ue]
Phil. Quant à Julie de Carneilhan, peut-on seuleme[nt]
dans son cas parler de complexité ? Ses seuls momen[ts]
de véritable bonheur, sont ceux qu'elle connaît dans [la]
compagnie d'un homme, fût-ce d'un homme mépris[é.]
Que celui-ci lui témoigne un peu de jalousie, la vo[ilà]
enfin réintégrée dans « un milieu où se goûtent les pl[ai]sirs vifs et simples, où la femme, objet de la rivali[té]
des hommes porte aisément leur soupçon, entend leu[rs]
injures, succombe sous divers assauts, et leur tient tê[te]
avec outrecuidance ». N'était-ce pas déjà la ligne de co[n]duite, le programme de vie des Camille et des Madan[e]
Farou ? Dans cet univers de la prééminence charnel[le]
un seul geste, toujours le même, est à perpétrer ent[re]
l'homme et la femme, aussi nul être ne peut se prête[n]dre unique ; tout sont interchangeables.

Nous apprenons, dans *Ces Plaisirs*, (livre que C[o]lette a consacré avec une froide lucidité, à la volupt[é)]
que la femme amoureuse ne tolère chez l'homme d'aut[re]
sentiment que celui qu'il lui porte. A une question [de]
Colette au sujet des amitiés qu'il aurait pu avoir da[ns]

la vie, Damien, vieux Don Juan endurci, se récrie avec colère : « Mais voyons !... Elles ne l'auraient pas souffert ! » Et nous sentons l'acrimonie de l'homme contre la femme, sorte de goule qui se nourrit de la substance même de celui qui a la faiblesse de l'aimer. De confidence en confidence, l'intarissable Damien nous éclaire un peu la geôle dans laquelle se joue cet amour physique, entre des partenaires aussi avides de prendre qu'ils sont incapables de donner. Ce qui manque à ces obsédés, songe Colette, c'est l'issue par laquelle communiquer avec l'extérieur : « Dans son éboulis de femme, point de drain, point de manche à air respirable... Toutes les amours tendent à créer une atmosphère d'impasse. »

A l'opposé de cette conception de l'amour, comment ne pas songer à André Suarès, à ce texte dans lequel se fait jour la certitude que l'amour n'est pas à la mesure des hommes, et que la dérision, la bouffonnerie sans borne, c'est précisément qu'il accepte de se laisser prendre au piège du désir. « Bien loin d'être serve et esclave de la nature, nous dit-il, la passion est destructrice de la nature dans les grands amants. Ici, au lieu d'être la femelle passive, la biche qui broute tranquillement le pré en fleurs, tandis que les mâles, pour elle, s'entre-tuent, la femme choisit le bien-aimé, au moins autant qu'elle est l'objet de son choix. Un seul amour, telle est la loi de la grande passion dans la femme, et le préférence à la vie sans lui, plutôt cent fois la mort. »

La femme, chez Colette, c'est toujours la biche qui broute le trèfle en fleurs. Et quant à la jouissance charnelle, « foudre à laquelle je donne de mauvaise grâce son nom badin de plaisir » nous dit la romancière, si elle conduit certains de ses héros au non vouloir-vivre, ce n'est pas, comme pour Tristan et Isolde, par désir de se dépasser soi-même, mais par la faiblesse d'une nature vouée à une médiocrité incurable.

Ainsi, en sera-t-il du héros de *Duo*, Michel. S'il se tue pour une infidélité de sa femme, ce n'est pas parce que son amour tendait vers une grandeur, un absolu impossible, mais parce qu'il s'agissait au contraire d'un sentiment presque sordide. Sa jalousie, uniquement charnelle, engloutit sous la boue le monde et la femme qu'il aimait, ne lui laissant d'autre échappatoire que le suicide.

★

Chéri — La fin de Chéri

> « *Il endurait sans comprendre un mal double. Parfois il chavirait, léger, flottant, comme à jamais vide.* »
>
> Mes Cahiers (CLOUCK).

Bien qu'antérieurs aux romans dont nous venons de parler, *Chéri* et *La Fin de Chéri* (1), que l'on peut considérer comme un seul ouvrage tant la psychologie des personnages va s'approfondissant d'un livre à l'autre, est à la fois la préfiguration et l'aboutissant ultime de ce type humain dont le drame est de n'avoir aucune intimité avec soi, et de ce fait, de ne pouvoir jamais, non pas même connaître, mais pressentir autrui.

Là, du moins, étant donné le milieu dans lequel se situe *Chéri* (celui des grandes demi-mondaines des environs de 1910), nous ne sommes pas étonnés par le néant des êtres, comme nous l'étions par celui des bourgeois et artistes qui hantaient *La Chatte, Le Blé en Herbe*, ou *La Seconde*, et dont l'incuriosité universelle, l'absence d'aperçus sur le monde, et le manque de référence à quoi que ce fût d'autre que leur banalité, les privaient de la culture la plus élémentaire.

Dans les *Chéri*, nous touchons à une « majesté d'illettrés », une sorte de « gentilhommerie du monde bas » qui nous prédispose à l'étonnement inverse.

Fils d'une femme légère, Chéri a grandi « tour à tour oublié et adoré, entre les femmes de chambre décolorées et les longs valets sardoniques ». La beauté qui, enfant déjà, le faisait distinguer par les dames améri-

(1) Parus en 1920 et en 1926.

caines qui l'appelaient « petite chef-d'œuvre », s'est parachevée sur ses traits de jeune homme : « Le cheveu bleuté comme un plumage de merle, la poitrine mate et dure, bombée en bouclier », tel il nous sera livré peu à peu, cet être chez qui la colère agrandit les yeux sombres, « pleins d'une lumière insolente, armés de cils, et entrouvre l'arc dédaigneux et chaste de la bouche ».

Chaque matin, bien qu'il ait à peine plus de vingt ans, dépistant les rides possibles, il passe durement l'inspection de sa beauté devant un miroir, comme un propriétaire ferait jalousement l'inventaire de son bien. Il a toutes les coquetteries, la vanité, le vide d'une jolie femme, et, s'il n'était déjà pourvu d'un bien considérable, de par les sages placements de sa courtisane de mère, on sait de quel nom on désignerait ce goût impérieux et enfantin qui le pousse à se faire offrir quelque bijou par les femmes éprises de sa beauté.

Son mariage avec la fille d'une riche amie de sa mère, — les raisons d'argent étant les seules questions d'honneur avec lesquelles il ne badine pas — a interrompu sa liaison avec Léa qui, à quarante-neuf ans, finit « une carrière heureuse de courtisane bien rentée » (elle aussi) ! « et de bonne fille, à qui la vie a épargné les catastrophes flatteuses et les nobles chagrins ».

Apparemment rien de plus banal et de plus sordide. Mais ici l'écriture procède par pointes plus fines et plus profondes que dans des romans comme *Duo*, *Le Toutounier* ou *La Seconde*. Fait aussi peut-être unique dans toute l'œuvre de Colette, un lyrisme court à travers toutes les pages, un lyrisme qui, à la moindre permission de l'auteur, se fait jour en des fusées brèves. Un passage comme celui où nous avons surpris Léa aux bras de Chéri, se termine par une image d'une beauté classique : « Cependant elle voyait avec une sorte de terreur, approcher l'instant de sa propre défaite, elle endurait Chéri comme un supplice, le repoussait de ses mains sans force et le retenait entre ses genoux puissants. Enfin elle le saisit au bras, cria faiblement, et sombra dans cet abîme d'où l'amour remonte pâle, taciturne et plein du regret de la mort ». Une beauté comme celle dont Colette a doté son héros, c'est une dignité qui, à elle seule, confère une dimension secrète au livre et le fait échapper à la médiocrité du sujet qu'il traite. Chéri, surpris dans son lit, n'eût pas été indigne de prendre place parmi les figures à peine surgies des vapeurs confuses de la matière, au plafond de la Sixtine : « Son torse nu, large aux épaules, mince à la ceinture, émergeait des draps froissés comme d'une houle, et tout son être respirait la mélancolie des œuvres parfaites. »

Nul plus étranger à soi-même que Chéri ; surprenons-le contemplant Léa, « avec cette force et cette fixité qui rend redoutables l'attention de l'enfant perplexe et du chien incrédule. Une pensée illisible se levait au fond de ses yeux dont la forme, la nuance de giroflée très sombre, l'éclat sévère ou langoureux, ne lui avaient servi qu'à vaincre et non à révéler ».

« Nourrisson méchant », ainsi que l'appelait Léa. Dans les bras de cette femme encore belle qui « aimait l'ordre, le beau linge, les vins mûris, la cuisine réfléchie », de cette femme qui avait représenté sans doute pour lui plus qu'une maîtresse, quelque chose comme une mère, par la tendresse qu'elle seule lui avait dispensée, et même à cet instant où il l'appelait de ce nom de *Nounoune* « qu'il lui donnait lorsqu'il était enfant, et qu'il lui avait jeté du fond de son plaisir comme un appel au secours », il n'avait rien livré de lui-même. Toujours la méchanceté, dont il avait avoué un jour qu'elle le consolait il ne savait de quoi, « lui était revenue en même temps que la parole et la vigilance à se dérober ».

Par « ces larges prunelles, dont le blanc pur exagerait l'éclat... par ces brèches magnifiques », nul n'était jamais descendu jusqu'à « ce cœur de Chéri, dur et tardif comme les bourgeons du chêne ».

Chéri est campé d'emblée dans une déshumanisation totale. Déjà il donnait à Léa le sentiment qu'elle se trouvait aussi loin de lui qu'elle eût pu l'être d'un « Chinois ou d'un Nègre ». Mais quelqu'un d'autre nous en dira plus long sur son cas : « Il y a des moments où il ressemble à un sauvage... Il ne connaît ni les plantes, ni les animaux, et il a parfois l'air de ne pas même connaître l'humanité... » Et ce quelqu'un, c'est Edmée, sa jeune femme, qui a commencé par l'aimer, pour son exceptionnelle beauté, mais qui, parce qu'elle était jeune et impatiente, n'a pas eu la constance d'attendre un éventuel changement. Aussi s'est-elle donnée au premier homme venu, et Chéri est resté seul.

Quelques semaines après son mariage, il est bien retourné, une certaine nuit, chez Léa, témoignant pour la première fois, une fougue si tendre que, bouleversée, Léa, comprenant qu'elle aimait réellement elle-même aussi pour la première fois, avait passé la nuit à faire des projets d'avenir, où Chéri et elle seraient indissolublement liés. Mais au matin, Chéri l'avait surprise, consultant l'indicateur, « pas encore poudrée, une maigre torsade de cheveux sur la nuque, le menton double et le cou dévasté ». Et en proie à une sorte d'horreur instinctive, il n'avait pu se défendre de lui marquer, par sa pitié épouvantée, qu'il la trouvait vieillie. Le retournement intérieur de Léa, sa foudroyante conversion à l'idée qu'il lui fallait maintenant accepter d'être une vieille femme, ses conseils à Chéri : autant de paliers que nous l'avions vue franchir d'un seul bond dans le désintéressement et la générosité du cœur. Même, elle l'avait sommé de courir rejoindre sa jeunesse à peine « écornée par les dames mûres... les mamans dévoyées. » — « Tu y as goûté à la jeunesse, et tu sais qu'elle ne contente pas, mais qu'on y retourne ».

« Je t'ai aimé comme si nous devions, l'un et l'autre, mourir l'heure d'après, lui avait-elle dit. Parce que je suis née vingt-quatre ans avant toi, j'étais condamnée, et je t'entraînais avec moi ». Et elle avait vu que Chéri, tout en s'éloignant dans l'avenue, avait levé la tête vers le ciel printanier, gonflant sa poitrine d'air, comme un évadé.

Des années ont passé et Chéri n'a jamais revu Léa. Il ne s'est même jamais douté qu'il pourrait désirer la revoir. La guerre de 14 a passé sur lui sans le marquer. Il s'est battu avec courage, sans savoir au juste pourquoi, et se retrouve maintenant décoré et plus riche qu'auparavant, au milieu d'hommes et de femmes, eux aussi enrichis par la guerre et qui ne pensent qu'à s'enrichir davantage. Mais quelque chose d'imprévu s'est fait jour en Chéri : l'argent, ses intérêts, boire, manger, tout ce qui avait suffi à l'occuper jusqu'alors, se détache de lui, peu à peu. Et c'est ici que, s'il n'était admis d'emblée que Colette n'est qu'une romancière (en fait elle n'a jamais visé autre chose), on découvrirait des prolongements inattendus au comportement de son personnage, « existentialiste » avant la lettre. Supposons un instant que Sartre, après avoir écrit *La Nausée*, ait conçu *La Fin de Chéri,* on y verrait aussitôt une analyse magistrale, et qu'on nommerait « phénoménologique », de son sentiment nauséeux de l'existence. Les analogies seraient constantes entre Chéri et le héros de Sartre. Par exemple l'indignation de Chéri devant « les salauds », est de même nature que celle de Roquentin contemplant les portraits des notables de Bouville. Ce n'est pas seulement cette épithète qui leur est commune, mais le mépris qui les pousse à stigmatiser le profit hypocrite et la tranquille mauvaise foi de ceux qui se savent assurés d'avoir « le bon droit », c'est-à-dire la police et l'ordre de tout un pays, derrière soi.

On se demande vraiment qui, de Chéri ou de Roquentin, s'exprime dans ce dialogue :

« Vous croyez que c'est une vie ?

— Quelle vie ? (questionne sa mère, devenue directrice d'hôpital pour blessés).

— Ma vie. La vôtre. Tout ça — Tout ce qu'on voit... ces types... cette armée... cette paix ».

Il écartait les doigts, comme s'il les eût senti poissés (cocasse aussi cette ressemblance dans les adjectifs qui seront typiques de l'existentialisme) ou enlacés d'un cheveu trop long.

— Qu'est-ce que tu as ?

— J'ai que tout le monde est des salauds... les per-

sonnes présentes ne sont pas exceptées... Vous avez les couvertures, les pâtes alimentaires, les légions d'honneur. Vous rigolez avec les séances de la Chambre... les blessés, les dancing... les cigares à l'américaine... enfin, bref, tout le monde est des salauds...
— Ça ne m'apprend pas où tu veux en venir ?
— ...Je ne sais pas, moi. Je voudrais que les gens ne soient pas uniquement des salauds... ou bien je voudrais simplement ne pas m'en apercevoir.
— Mais pourquoi t'en aperçois-tu ?
— Ah ! Voilà... Justement, voilà. »

Comme nous le pressentions, il n'y a pas de réponse. Pas plus pour Chéri que pour Roquentin. Les choses sont simplement ce qu'elles sont, dans une opacité qui demeure irréductible.

« Il se sentait vide et désert, sollicité par tout ce qui lui manquait ». Dès lors le lent travail de délabrement est commencé en Chéri. Il n'a pas mûri, certes, il ne mûrira jamais, mais il ne peut pas continuer d'être ce solitaire qui ignore sa propre solitude. Un seul recours subsiste : Léa.

Comme un inconscient, ou plutôt comme un enfant qui exigerait que les années ne se soient pas écoulées, et qui rêve de retrouver intact ce qui fut sa seule possibilité de douceur et d'abandon, peut-être aussi sa seule générosité, il sonne à la porte de Léa.

Rarement trouverons-nous plus haut sommet en littérature que le récit de cette dernière rencontre. Nous ne nous y trompons pas. C'est la vie d'un homme qui se joue, bien qu'il ne le sache pas encore de façon précise. Chéri vient à Léa comme quelqu'un qui n'en peut plus d'avoir toujours été stérile et qui retourne au lieu où il exerça, du moins un jour, une sorte de pouvoir créateur... Il sait bien qu'il n'a rien pu apporter à Edmée, belle et jeune par elle-même, et qui n'avait pas besoin de lui pour exister. Mais c'était quelque chose comme sa jeunesse qu'il rendait à Léa, jadis, chaque fois qu'il accourait vers elle, et, que le voyant, elle s'éclairait d'un reflet retrouvé.

Il entre et il distingue de dos, une vieille nuque de violoncelliste, de gros cheveux gris, vigoureux. — Où est Léa ? pense-t-il. « La dame au poil gris se retourna » et Chéri reçut « en plein visage le choc de ses yeux bleus ».
— Eh ! mon Dieu, petit, c'est toi ! »

Les mêmes mots, presque le même rire grave, les mêmes yeux bleus qu'autrefois, bien que plus petits. Mais Léa n'est plus Léa. Ses bras, « comme de rondes cuisses », s'écartent aux aisselles, soulevés par la graisse, et la longue veste impersonnelle de son costume tailleur annonce « l'abdication, la rétractation de la féminité... une sorte de dignité sans sexe ». Cependant au premier abord, sa masse cubique ne consterne pas trop Chéri. C'est seulement lorsque, face à la fenêtre, elle dévoile ses traits, qu'il se met à « l'implorer moralement, comme il eût imploré un fou pourvu d'armes », car c'est son visage qui lui est devenu meurtrier. Ah ! qu'elle tasse « que cette saine vieille femme à bajoues larges et à menton doublé », ne soit pas elle ! ni « cette figure rouge, d'un rouge un peu blet qui dédaigne à présent la poudre, et rit d'une bouche pleine d'or ».

Non, décidément, il est perdu. Cela n'est pas arrangeable ! Il ne communiquera plus d'étincelle à cette calme masse de placidité. Il ne sera plus l'animateur d'une lutte secrète. Personne n'a plus besoin de lui, et lui-même, bien qu'il se fût contenté de bien peu, jadis, demandant seulement à Léa de garder un semblant de jeunesse qui pût donner l'essor à son amour, il ne pourrait plus accrocher à celle qu'elle est devenue, le moindre prestige capable de continuer à alimenter cet amour. Contradiction irréductible : l'amour est intact, plus fort même que par le passé, de par la conscience qu'il a pris de lui-même ; mais il est désormais sans objet.

C'est ici que, sur deux plans, commence de se jouer une scène admirable. Tandis que Léa, qui jadis pourtant le jour qu'elle rendit sa liberté à Chéri, s'était demandé avec horreur en voyant une vieille femme haletante répéter ses gestes dans la glace, ce qu'elle pouvait bien avoir de commun avec cette folle, tandis que cette même Léa, bien à l'aise désormais dans sa jovialité irrémédiable « de vieil homme », pose à Chéri quelques questions prudentes relatives aussi bien à ses affaires qu'au bon état de son estomac, tandis que Chéri lui répond par courtes phrases banales, nous voyons son double, hagard, agenouillé, perdant tout le sang de son cœur, sommer en silence l'ombre de la femme qu'il a aimée, de s'incarner de nouveau dans cette chambre, de chasser enfin la hideuse inconnue, trop réelle, qui a pris sa place : « Cesse, lui crie-t-il intérieurement. Reparais ! Jette cette mascarade ! Tu es bien quelque part là-dessous, puisque je t'entends parler ! Eclos ! Surgis toute neuve, les cheveux rougis de ce matin, poudrée de frais ; reprends ton long corset, ta robe bleue à fin jabot, ton parfum de prairie que je quête en vain dans ta nouvelle maison... Quitte tout cela, viens-t'en à travers Passy mouillé, ses oiseaux et ses chiens, jusqu'à l'avenue Bugeaud, où sûrement Ernest fait les cuivres de la grille... ».

Après cette scène, et jusqu'à la fin du livre, à ce moment où les yeux fixés sur la photographie d'une Léa en pleine jeunesse, telle qu'il ne l'a pas connue et qu'il veut impérieusement la rejoindre, Chéri appuiera un revolver contre sa tempe, nous assisterons à une sorte de montée (si l'on peut employer ce mot pour ce qui se défait), lentement gravie vers le non-vouloir vivre d'un être qui ne s'est jamais aimé, et meurt de n'avoir pu ni se connaître ni s'affronter.

Peu importe le succès de mauvais aloi qu'a obtenu et qu'obtient encore ce livre. J'entends ici par « mauvais aloi » la compréhension trop immédiate de toutes les femmes, à la jeunesse menacée, qui se sont reconnues depuis tant d'années dans le personnage de Léa, et le fait que bien des jeunes filles se soient écriées : « Nous connaissons Chéri, nous avons rencontré Chéri, Madame Colette ! » Elles ne se sont arrêtées qu'au premier degré de l'histoire, à sa seule affabulation. Par delà ce

sens premier, il y a une situation psychologique de
« Chéri », une tonalité de l'épouvante, qui atteint l'ordre
du général ; celle que peut connaître tout être qui découvre le vieillissement de l'homme ou de la femme
aimée. Chéri est le porte-voix de l'horreur devant tout ce
qui croule, devant tout ce qui se défait.

VI

LES RENCONTRES DE COLETTE

« *N'aurais-je pas dû quitter plus tôt ce bas Royaume ?* »
La Naissance du Jour.

Les humains et les Bêtes

Certes, au sujet de certains des personnages de Colette, on a parfois envie de paraphraser la boutade de Léon-Paul Fargue, en conclusion à un article sur Proust, qu'il admirait du reste : « C'est quand même bien embêtant qu'il ait tant aimé des pantins, des fats et des raseurs », et de nous écrier à notre tour : « C'est quand même ennuyeux qu'elle ait tant aimé les barbeaux, les putains et les veules ! » Car il est de fait que le tour de force de Colette consiste à nous embarquer, passagers, à bord de la destinée d'êtres dont la vie nous eût laissés totalement indifférents si nous les avions rencontrés dans la réalité, mais qui nous captivent sous sa plume.

Pourquoi s'est-elle si constamment souciée de ceux qu'elle considérait elle-même comme des « vampires », des « anatifes » ainsi qu'elle les désigne (1) du nom d'un parasite marin, en soulignant le danger que l'on court à fréquenter ces êtres vides par eux-mêmes et trop heureux de se nourrir de votre substance ?

La Vagabonde nous avait confié le dégoût qu'elle avait

(1) *Chambre d'Hôtel.*

éprouvé après son divorce pour le milieu trop intellectuel où elle avait vécu et souffert, et ce besoin qu'elle avait ressenti de n'avoir plus auprès d'elle « que des êtres rudimentaires qui ne penseraient presque pas ».

Dans *Mes Apprentissages*, Colette nous dira, parlant cette fois de ces hommes « que les autres hommes appellent grands », qu'elle ne les a pas recherchés durant sa vie, « attristée que leur renommée ne les vît que pâlissants, soucieux de remplir déjà leur moule, de se ressembler »... (1) Elle leur a préféré le passant, le premier venu, ces êtres qu'elle nomme « sapides et obscurs »... Ce sont ces êtres là qui suscitèrent en elle une véritable passion de curiosité. Car, « pas plus que la chère fine ne nous épargne la fringale de cervelas, l'amitié éprouvée et délicate ne vous ôte le goût de ce qui est neuf et douteux ».

C'est principalement aux choses de l'amour que Colette appliquera cette curiosité. Mais ce qui est normal n'offrant point de prétexte à l'imagination, c'est hors des sentiers battus qu'elle aimera braconner. Déjà Claudine s'écriait : « Je veux fréquenter les dames qui vivent de leurs charmes, pourvu qu'elles soient gaies, fantasques, voire mélancoliques et sages, comme sont beaucoup de femmes de joie ». C'est un programme que Colette remplira en se penchant sur les Madame Peloux et leurs amies, les « copines » de Léa, et le milieu des avisées trafiquantes de leurs charmes, qui composent le répertoire des personnages de *Gigi*. Elle éprouvera aussi un intérêt marqué pour le monde des invertis, auquel elle consacrera quelques pages d'analyse précise, qui contrasteront avec le ton frivole de ses premiers romans. C'est par l'entremise d'un secrétaire noir de Willy que Colette fut amenée à fréquenter de très près

---

(1) Il convient de remarquer cependant que Colette, par un don inégalé de portraitiste, nous restitue de façon extraordinaire les visages et le comportement de certains de ses contemporains, qu'il s'agisse de Proust, de Renée Vivien, de Barthou ou de ses amis les plus aimés, Cocteau, Marguerite Moreno, Germaine Beaumont, Hélène Morhange.

le milieu des homosexuels : « Seule, nous dit-elle, j'ai nommé autrefois « pure » et aimé l'atmosphère qui bannissait les femmes. » Dans ce domaine aussi nous verrons jouer ce que l'on peut appeler le « sentiment de la catégorie » chez Colette. Les *nous autres femmes,* que l'on trouve sous sa plume, *eux, les hommes, elles les femmes aux amours condamnées, eux, encore, les pédérastes,* nous prouvent qu'elle a tendance à réduire les êtres à un commun dénominateur (1). Sur ces mêmes questions elle diffère essentiellement d'un Proust. Dans *Les jeunes filles en fleurs* c'est peu à peu que nous comprenons l'ambiguïté essentielle qui se cache sous la pétulance garçonnière de *la petite bande ;* c'est à partir de ces caractéristiques psychologiques parfaitement analysées que Proust nous suggère en dernier lieu ce qui doit être la perversion d'Albertine, sans danger désormais de l'appauvrir. Dans le cas de Colette, ses personnages, au contraire, situés d'emblée dans le général, y demeurent, et leur complexité humaine, peu à peu, s'y dégrade. Ses anormaux n'ont pas plus de ressources psychologiques que ses créatures de mœurs légères ou ses bourgeois. Nous nous trouvons souvent, là aussi, en face d'individus dépourvus de la richesse nécessaire pour s'exprimer à la première personne, et qui ne sont que cette « troisième personne », « celle dont on parle », disait Gide. Arrêtons-nous, du reste, à ce que Colette nous confie de sa fonction d'écouteuse. « C'est une sorte de débauche studieuse... Encore faut-il traduire, c'est-à-dire hausser jusqu'à son sens secret, une litanie de mots ternes ».

En comparaison de ces mots ternes si fidèlement rapportés (2) le parler sabir des artistes de music-hall

---

(1) Colette nous donne la preuve de la subtilité à laquelle elle parvient, dès lors qu'elle sort des formules et qu'elle traite seulement du particulier, avec le récit émouvant des amours des vieilles demoiselles anglaise de Llangolen, mortes il y a de cela trois siècles.

(2) Cf. par exemple les propos des deux femmes aubergistes de *Bella-Vista* ou des personnages du *Rendez-vous.*

nous est un délassement pour l'esprit. Du reste, c'est dans cet *Envers du Music-Hall,* où lutte et se débat toute une humanité famélique, que nous sentons vibrer la pitié chaudement attentive de Colette envers son prochain. Du pauvre Gonzalès, « à la légèreté de feuille sèche », à « la grâce chorégraphique et macabre de jeune squelette danseur », qui tremble de froid dans son paletot, « jauni par les soleils et les pluies des années précédentes », jusqu'à la vieille figurante qui, malgré sa bronchite, « répète avec quarante ventouses sur le dos et va tousser dans les waters », pour ne pas être remplacée dans les deux heures, tout nous est admirablement restitué de la misère orgueilleuse de ceux qu'elle nomme : « Mes frères étincelants et pauvres », de ceux qui, contre maux et famines, se déclarent farouchement « artistes » jusqu'à la mort. Mais hors ces confidences maladroites où s'exprime du moins leur certitude d'être « consacrés » à quelque chose qui les dépasse, que de récoltes décevantes nous réservent souvent les pages dédiées à l'espèce humaine !

★

> « *Ce n'est pas d'être le premier à voir quelque chose de nouveau, mais de voir, comme si elles étaient nouvelles, les choses vieilles et connues par tout le monde, qui distingue les cerveaux vraiment originaux.* »
>
> NIETZSCHE.

Si l'univers de Colette n'est pas celui des véritables rencontres humaines, il est celui de la Rencontre avec les animaux et les plantes. C'est ici seulement que nous aurons affaire à la plus pure, la plus totale des communions.

« Ma féerie ne saurait se passer des animaux ». C'est effectivement par une opération féerique qu'elle fera vivre l'animal devant nous. La suspicion qu'elle éprouve pour le genre humain, Colette, l'étendra jusqu'au singe, dont elle dira : « Yeux trop beaux qui m'écartez du singe ! A jamais suspect, un sentiment humain mal caché brille en vous comme une larme. » Ce sera le seul discrédit qu'elle jettera sur nos « frères inférieurs ». De la sauterelle « à tête de cheval » au chat-huant coiffé « d'un béguin Marie-Stuart », de la petite truie cavant les truffes à l'aube, « rose sous ses soies clairsemées, toute nue dans la rosée glaciale » à l'écureuil du Brésil qui « se peigne des dix doigts comme un poète romantique et dispose sur son dos sa queue en point d'interrogation », il est peu d'animaux qui ne puissent prétendre à une large place dans ce Bestiaire de la tendre compréhension.

« J'attends familièrement les miracles », nous disait-elle dans *Prisons et Paradis*. Et effectivement, ils se produisent ; partout où elle est, il se passe quelque chose. Se rend-elle à une battue de muguet en forêt de Rambouillet : sa main rencontre au ras du sol une petite faisane tiède qui couvait. Se promène-t-elle par une matinée de printemps avec une chienne, perdant par poignées son poil d'hiver : deux couples de mésanges la suivent, menaçant d'épiler « au profit de leur nid » la beauceronne. Va-t-elle en vendange : elle découvre « dans un touffu juponnage de feuilles » un gros lézard vert, aussitôt capturé à pleines mains ; proie de belle taille, nous dit-elle, « écailleuse finement, pourvue de longs doigts qui essayaient de desserrer les miens, d'une majestueuse queue verte, d'une tache bleue sur chaque tempe, d'un gosier pourpre de petit glaïeul ».

Plus encore que les *Dialogues de bêtes,* qui s'offrent à nous sous les espèces de réflexions piquantes, échangées entre un chien et un chat sur un mode assez proche de l'humain, me paraissent admirables les réflexions de grand animalier que nous dispense Colette dans *La Paix chez les Bêtes* et *Prisons et Paradis.*

L'amour pour les animaux s'accompagne chez elle du goût de dompter, c'est-à-dire du goût de séduire, de capter une confiance dont elle se sait digne. De même nous avait-elle déjà confié qu'il lui arrivait, rencontrant un

enfant inconnu au cours d'une promenade, de le voir
fléchir sous son regard comme s'il ne pouvait se retenir
de lui livrer son secret (1), l'animal, dès qu'il la voit,
la reconnaît et la sacre « personne de qualité ».

Entre-t-elle dans une cuisine où la présence d'un ser-
pent est signalée : aussitôt celui-ci n'a plus d'attention
que pour elle ; dressé, il la regarde « à la figure ».
« Comme le chat, comme le cheval et le chien, la cou-
leuvre connaît, interroge la fenêtre de l'œil. Elle quête,
elle comprend ». Toute la description est admirable :
« Quand je veux la saisir par son col délicat, elle m'é-
chappe, écrit avec irritation cinq, cinq, zéro, ou bien
S, O, W, sur la toile cirée et attache aux miens ses
petits yeux dorés. A la fin, je lui tends une canne, qu'elle
tâte, accepte et change en caducée ; alors je porte le
tout dans le jardin. Mais là, elle est prise de nostalgie,
gravit en courant, si j'ose m'exprimer ainsi, les deux
marches, et remonte sur la table. Que sa vitesse nous
est étrange !... La moitié antérieure de son corps se
précipite, semble jaillir d'elle-même, se crée, croît, quand
l'autre moitié attend encore de se mettre en marche
pour la rejoindre... » (2).

Quant aux fauves, nous savons que Colette éprouvait
pour eux une attirance si grande que, si elle n'entra
pas dans la cage d'un lion elle ne put se défendre de
pénétrer, un jour, dans celle de deux léopards qui lut-
taient « comme deux nues ennemies » et « croulaient
comme un amas de neige... Un pré en mai n'est pas plus
fleuri » dira-t-elle de leurs robes, « vol de corolles
noires sur un champ blond, fleurs à quatre, à trois, à
deux pétales... » (3).

Quelles tentatives n'a-t-elle pas faites pour pénétrer
dans le secret de l'animal sauvage ! « Regards, signes
lointains d'appel, efforts de la bête contre sa propre

---

(1) Comprendre un être, nous dit-elle, c'est le faire tomber
sous notre domination et l'affaiblir.

(2) *Journal à Rebours.*

(3) *Prisons et Paradis.*

inviolabilité qu'elle n'a pas souhaitée, élancez-vous encore vers moi : j'ai toujours fait la moitié du chemin (1).

Etant donné le rôle qu'il a joué dans sa vie, nous devons faire mention spéciale du chat. Dès son enfance, nommée par sa mère Minet-Chéri, elle fut placée sous son vocable et, de son propre aveu, nous savons que le climat du chat lui fut toujours « poignant et nécessaire ». Toutes sortes d'affinités les relient l'un à l'autre. Colette lui doit cette vertu qui est celle de « se taire longuement », cette dissimulation aussi, dont elle nous affirme qu'il sait en faire une suprême séduction. « Pour la femme comme pour le chat, le mensonge est la première parure d'une amoureuse » (2) ira-t-elle jusqu'à dire. Elle nous confiait déjà dans *Les Vrilles de la Vigne* : « A fréquenter le chat, on ne risque que de s'enrichir. Serait-ce par calcul que depuis un demi-siècle, je recherche sa compagnie ? Je n'eus jamais à le chercher loin : il naît sous mes pas. Chat perdu, chat de ferme traqueur et traqué, maigri d'insomnie, chat de librairie embaumé d'encre, chats des crèmeries et des boucheries, bien nourris, mais transis, les plantes sur le carrelage ; chats poussifs de la petite bourgeoisie, enflés de mou ; heureux chats despotes qui régnez... sur moi ».

Nous ne nous étonnerons donc pas que les seuls paroles délibérément lyriques de son œuvre, paroles qui se rapportent à l'amour, soient prononcées par un chat. Voici comment s'exprime le matou tentateur dont la plainte vient frapper les oreilles de la chatte Nonoche :

« Viens !... Si tu ne viens pas ton repos est perdu... Songe que toutes les heures qui suivront seront pareilles à celle-ci, emplies de ma voix, messagères de mon désir... Viens !...

« Tu le sais, tu le sais que je puis me lamenter durant des nuits entières, que je ne boirai plus, que je ne

(1) *Prisons et Paradis.*
(2) *Le Fanal Bleu.*

mangerai plus, car mon désir suffit à ma vie et je me fortifie d'amour !... Viens !...

« Tu ne connais pas mon visage et qu'importe ! Avec orgueil je t'apprends qui je suis : je suis le long Matou déguenillé par dix étés, durci par dix hivers. Une de mes pattes boite en souvenir d'une vieille blessure, mes narines balafrées grimacent et je n'ai plus qu'une oreille, festonnée par la dent de mes rivaux.

« A force de coucher sur la terre, la terre m'a donné sa couleur. J'ai tant rôdé que mes pattes semellées de corne sonnent sur le sentier comme le sabot du chevreuil. Je marche à la manière des loups, le train de derrière bas, suivi d'un tronçon de queue presque chauve... Mes flancs vides se touchent et ma peau glisse autour de mes muscles secs, entraînés au rapt et au viol... Et toute cette laideur me fait pareil à l'Amour ! Viens !... Quand je paraîtrai à tes yeux, tu ne reconnaîtras rien de moi, que l'Amour !

« Mes dents courberont ta nuque rétive, je souillerai ta robe, je t'infligerai autant de morsures que de caresses, j'abolirai en toi le souvenir de ta demeure et tu seras, pendant des jours et des nuits, ma sauvage compagne hurlante... jusqu'à l'heure plus noire où tu te retrouveras seule, car j'aurai fui mystérieusement, las de toi, appelé par celle que je ne connais pas, celle que je n'ai pas possédée encore... Alors, tu retourneras vers ton gîte, affamée, humble, vêtue de boue, les yeux pâles, l'échine creusée comme si ton fruit y pesait déjà, et tu te réfugieras dans un long sommeil tressaillant de rêves où ressuscitera notre amour... Viens !... (1).

Cet appel sauvage, cette mélopée si pleine de secrètes significations qui nous suggère avec une force extraordinaire une réalité que nous croyons voir se dérouler devant nos yeux, nous introduit directement à la magie propre de Colette qui est celle de sa langue.

---

(1) *Les Vrilles de la Vigne.*

VII

L'ART ET LE STYLE DE COLETTE

> « *C'est une langue bien difficile que le français
> A peine écrit-on depuis quarante-cinq ans, qu'on
> commence à s'en apercevoir.* »
> (Journal à Rebours).

Spontanéité apparemment la plus vive, alliée au sens le plus exact du rythme et du poids des mots, telle est la caractéristique de la langue de Colette. On a souvent invoqué son don inné de la musique pour expliquer la structure mélodique de ses phrases, mais la seule intuition musicale ne permet pas de rendre compte de la trouvaille perpétuelle et inégalée du mot. On entend dire communément aussi que l'art de Colette, c'est la réussite d'un extraordinaire naturalisme, et on l'apparente, tout au moins quant au procédé, à Jules Renard et à Zola. Mais, différence essentielle, Colette n'a pas « choisi » le genre dans lequel elle s'exprimerait. Il lui a été imposé, à l'exclusion de tout autre, par sa nature même ; chez elle, il n'y a donc pas de « procédé ». En dépit des apparences, nous ne nous trouvons pas en face d'une simple description, mais d'une restitution de la nature, à laquelle l'expression « naturaliste » ne peut prétendre. Ce qui incite à la confusion, c'est, qu'à première vue, toute l'œuvre de Colette paraît répondre à la définition que Mallarmé donnait des émules du naturalisme : « Ces gens-là, après tout, qu'est-ce qu'ils font ? demandait-il. Ils brossent des narrations de ce que l'on sait. Ils découvrent le Trocadéro, les bals, le Japon. Ce que j'apporte, moi, dans la littérature, c'est que je ne me place pas devant un spectacle en disant : qu'est-ce que c'est, en essayant de le décrire du mieux que je peux, mais en disant : qu'est-ce que cela veut dire ? »

Cette recherche de la finalité n'est pas du tout le propos de Colette. Volontairement, elle s'en tient à la seule présence du réel, sans s'efforcer d'en obtenir aucune réponse. Mais non contente de le décrire, elle s'en instaure le prospecteur, presque le re-créateur. C'est pourquoi, sans y viser du reste, Colette se trouve satisfaire un certain sens métaphysique en nous. Elle illustre parfaitement cette formule de Valéry : « L'artiste crée ce qu'il dévoile ». En effet, la réalité se trouve bien dans les choses, mais il faut l'en extraire, l'arracher à la gangue qui la tient prisonnière.

Arrachement et incantation sont, pour Colette, les différents modes d'approche du réel. Ce pouvoir s'exerce dès le plus mince prétexte d'observation. Qu'elle procède, en effet, par simple analogie, et qu'elle nous parle du « crapaud au gosier plein de perles », ou « du bruit soyeux d'éventail ouvert et refermé d'un pigeon qui vole », du « chuchotement humide d'une poignée de crevettes », ou encore, de « Mai, boudeur, qui effeuille sous l'averse ses harnais de roses », elle est le doigt qui fait jaillir la réalité profonde de sa cosse. Dès ce premier degré, elle nous confronte avec un étrange paradoxe. Celui d'une évidence reconnue aussitôt par l'esprit, et qui, pourtant, sans Colette, nous fût demeurée cachée.

« Si tu veux connaître l'infini, parcours le fini en tous sens », nous avait dit Gœthe. L'art de Colette prospecte et épuise parfaitement le fini, mais sans jamais déboucher sur l'infini. Cependant, un « fini » comme le sien, nous réserve toutes les surprises des plus fabuleuses découvertes. C'est ainsi par exemple qu'à travers ses descriptions, nous participons avec elle à une première ascension en ballon. « Ce fantastique, le flottement », nous dit Colette, « je ne l'ai savouré que le jour où, enjambant le bord d'un petit panier carré qui pendait sous une planète jaune impatiente, je passai la Seine ». Nous apprenons qu'un des derniers bruits que recueille l'aéronaute, le buste penché hors du panier, c'est « le bruit perlé du sable qui crible l'eau... Après quoi, le bond du sphérique est si rapide qu'il ressemble à une chute à l'envers. Il s'enfonce dans le ciel, s'y creuse une retraite à même le silence et le vent enfin l'adopte ». Nous devenons comme elle « cette bulle, la graine irresponsable et voyageuse ». Et ces péripéties ne sont-elles pas les nôtres ?... « Quelqu'un jeta par-dessus bord une poignée de pétales, qui fondirent comme bus par l'air : C'est que nous montons encore, dit une voix. Plus tard, dans la journée, un autre lâcher de papillons parut se coller, immobile, aspiré à un plafond qui fuyait au-dessus de nos têtes. « Ah ! Nous descendons » (1).

Quant à l'aventure d'être mère, peu de femmes ont su, comme Colette, nous restituer cette... « contemplation d'une personne nouvelle, qui est entrée dans la maison sans venir du dehors... »

« ... Mettais-je à ma contemplation assez d'amour ? continue-t-elle. Je n'ose pas l'affirmer. Certes, j'avais l'habitude — je l'ai encore — de l'émerveillement. Je l'exerçais sur l'assemblage de prodiges qu'est le nouveau-né. Ses ongles pareils en transparence à l'écaille bombée de la crevette rose, la plante de ses pieds, venue à nous sans toucher terre... Le léger plumage de ses cils, abaissés sur la joue, interposés entre les paysages terrestres et le songe bleuâtre de l'œil... Le petit sexe, amande à peine incisée, bivalve clos exactement, lèvre à lèvre... » (2).

(1) *A portée de la main.*
(2) *Etoile Vesper.*

Un autre exemple nous sera donné par la simple description que nous fait Colette de la chienne-bull, Fossette, s'attaquant dans la rue à des chiens plus grands qu'elle. « Elle les terrorise, en mime génial, par une convulsion de son masque de dragon japonais, par une grimace abominable qui pousse ses yeux hors de la tête, retrousse les babines et montre sous leur sanguine doublure, quelques dents blanches plantées de guingois comme les lattes d'une palissade bousculée par le vent » (1).

Pareilles descriptions apportent un enrichissement à notre perception des choses. La banalité et l'extraordinaire sont, en effet, les deux faces de la Réalité. Nos yeux, perdant très tôt le regard vierge, ont le morne pouvoir de maintenir devant nous la seule face de la banalité. Colette utilise ce que nous gâchons à longueur de journée. Mais elle procède à ce qu'on pourrait appeler « la débanalisation du Réel ». Orphée transformait les bêtes féroces en bêtes familières. Colette, elle, par un art inverse, change les attributs les plus usés de la vie quotidienne, en présence insolite. Cet insolite, tout à coup découvert, nous avons peine à croire qu'il était seulement composé de notre précieuse réalité de chaque jour.

★

Fait dont on ne s'avise pas au premier abord et qui peut paraître irrévérencieux, presque sacrilège à constater : Colette n'a pas de style. Eh quoi ! se récriera-t-on, ces phrases irrévocables, définitives, dont ne peut changer un mot de place, tant elles sont d'une harmonie parfaite, n'auraient pas de style ! Elles n'en ont pas, parce que Colette, c'est la bouche collée à la source même, la prise directe, le chemin le plus court pour aller de l'être au cœur du réel. Avec elle, plus d'intermédiaire pour nous transmettre le contenu, donc, plus

---

(1) *La Vagabonde*.

de style, puisque le style, c'est précisément le contenant.

Le style est toujours pastichable, seule la réalité ne l'est pas, c'est pourquoi on ne peut « faire » du Colette, sans décalquer en quelque sorte ses phrases et avouer qu'on s'efforce de l'imiter. Le style, habituellement, c'est ce qu'on peut dérober à un auteur, ce par quoi nous l'appréhendons, la mèche de fouet par laquelle un autre auteur peut essayer de donner le branle subrepticement à sa propre toupie. On ne dérobe rien à Colette, parce qu'encore une fois le contenant, l'intermédiaire a disparu, l'on n'a plus à faire qu'au phénomène à l'état pur.

Par exemple, comment parler, après elle, de la rose mourante et de notre sentiment devant cette agonie délicate : « Tous nous tressaillons lorsqu'une rose, en se défaisant dans une chambre tiède, abandonne un de ses pétales en conque, l'envoie voguer, reflété, sur un marbre lisse. Le son de sa chute, très bas, distinct, est comme une syllabe de silence et suffit à émouvoir un poète » (1). Ou de la pivoine, à l'instant de sa fin : « La pivoine se défleurit d'un coup, délie au pied du vase une roue de pétales ».

Colette crée une vérité à la fois criante et finie, qui reboucle sur elle-même, à la façon d'une spirale. « Ma nature se plaît à la courbe », devait-elle nous dire. Sa parole engendre des microcosmes, où l'homme avec ravissement, se laisse enclore, satisfaisant son ancienne nostalgie du parfait et du minuscule qui le penchait dans son enfance, frémissant du désir de pouvoir y entrer, sur les chambres de poupées et les boîtes à musique ; l'absolu qu'elle nous découvre peut, en quelque sorte, toujours demeurer « à portée de notre main » et à notre disposition.

Pareille réussite peut suspendre le travail de notre raison. Puissance et vertu fécondante de ce qui n'est pas achevé ! On a pu dire qu'il n'y a de vie possible

(1) *Flore et Pomone*.

qu'au sein de l'imperfection (saint Augustin). Ceci expliquerait peut-être l'inertie dont semble frappé notre esprit quand il se trouve en présence d'un parachèvement quel qu'il soit. La perfection ne renvoie a rien d'autre qu'à soi et ne vous relance pas au delà d'elle-même. Ainsi pourrait-on dire, en poussant cette conséquence à l'extrême, de la langue de Colette, ainsi de celle, dite classique. A l'interrogation suscitée par la perfection des plus beaux vers de Racine, seule cette perfection peut répondre. Il y a rigoureusement consonance entre le débat qu'ouvrent ces vers et la solution strictement adéquate qu'ils apportent.

> « Et Phèdre, au labyrinthe, avec vous descendue
> « Se serait, avec vous, retrouvée ou perdue. »

De même de certains vers de La Fontaine, ou de certaines définitions de La Bruyère que chacun a présent à l'esprit. La perfection nous dispense d'inventer ; on ne nous demande pas de construire notre propre maison à partir de certaines bases offertes à notre imagination. On nous a tendu la clef d'or qui nous permet d'entrer dans la demeure définitive. Sterilisés et éblouis nous n'avons plus qu'à laisser sonner l'heure. Il n'est rien attendu de nous. Notre collaboration est inutile

Peut-être est-ce par l'approche, le frôlement d'une vérité suggérée mais jamais atteinte, que l'œuvre d'art littéraire stimule en nous d'éventuelles qualités créatrices. Une phrase comme celle-là, par exemple : « La magie, c'est l'esprit traînant dans les choses » (1), nous alerte immédiatement, des échos s'éveillent en nous, des profondeurs inattendues nous sont dévoilées, nous ne nous savions pas aussi riches.

Lorsque Rimbaud s'écrie :

> « Le bonheur :
> Sa dent douce à la mort
> M'avertissait au chant du coq
> Alleluïa ! dans les plus sombres villes. »,

1) *Alain.*

il est certain que joue ici l'approche ineffable d'une vérité non atteinte.

Ou lorsque Claudel, parlant de la mort de Dona Prouhèze, dit : « Elle n'est pas si morte que ce ciel autour de nous et cette mer sous nos pieds ne soient encore plus éternels ! » la vérité suggérée par ces deux oppositions est demeurée non exprimée, c'est-à-dire encore libre, c'est elle qui nous fait partir en chasse, dans l'espoir de réussir à la faire tomber à nos pieds, palpitante, d'un coup de notre fronde secrète.

Qu'on ne m'allègue pas que c'est parce que j'ai affaire ici non plus à des images, mais à des idées, que la perfection ne se trouve plus prisonnière. Car que peut-il y avoir de plus « pensé » et toujours de plus clos que, prise au hasard, cette autre « révélation » de Colette, sur l'abdication intérieure : « A quoi bon ? une abdication, quelle qu'elle soit, comporte son moment de plaisir inavouable, qui se consomme bras pendants, tête à la renverse, comme dans la volupté » (1).

Si nous nous sentons en définitive, à la fois si pauvres et si riches en présence de Colette, c'est à cause d'une évidence éblouissante, immédiatement saisie par notre esprit et qui, pourtant, sans elle, nous fût demeurée cachée. L'on assure que profondeur et obscurité vont de conserve, et que la clarté reparaît à quelques pouces de la surface. Chez Colette, le plus profond est atteint, en même temps que l'évidence ; c'est en quoi sa réussite est paradoxale. Cocteau a dit « le poète délivre du noir », signifiant qu'il a pour mission d'exprimer l'obscur dont il se fait le véhicule ; Colette, elle, délivre du blanc, c'est pourquoi elle est bien autre chose qu'un poète. Non seulement, elle est l'incantatrice du réel, mais encore elle nous démontre que le réel ne se suffit pas à lui-même, qu'il n'entretient aucune relation avec nous si nous ne réussissons pas à le faire tomber en notre dépendance. Ce n'est pas en vain que certains peuples de l'Antiquité interdisaient

(1) *Journal à Rebours.*

que l'on invoquât Dieu par son nom. Nommer avec exactitude, c'était et c'est toujours soumettre à son pouvoir. Colette nous enseigne que c'est par le mot approprié que l'on possède réellement les choses. Désormais, lorsqu'il nous arrivera, devant tel mouvement de la mer ou de nuages, tel déploiement d'aile ou de drapeau, tel comportement de bête dans un jardin, de nous sentir comme démunis de ce qui s'offre à nous dans une profusion inutile, impuissants que nous sommes à nous en emparer par un mot incantateur, nous nous tournerons alors, mécontents du reste de n'avoir pu triompher de la difficulté par nous-mêmes et comme on quêterait une récompense imméritée, vers celle qui nous donne les choses plus tangiblement que ne le font nos propres sens, vers Colette qui existera, elle, toujours en fonction de ce qu'elle a su nommer.

VIII

« SAVOIR VIEILLIR »

Visage d'une stoïcienne

> « *Guidées par la même main, plume et aiguille, habitude du travail et sage envie d'y mettre fin lien amitié, se séparent, se réconcilient... Mes lents coursiers, tâchez à aller de compagnie : je vois d'ici le bout de la route.* »
>
> (Etoile Vesper).

Dans la vie de Colette, il y a deux hauts lieux : la maladie et la vieillesse. Car, plus réel encore qu'un art de vivre, c'est un art de vieillir que nous trouvons chez elle.

Plus un être a eu de chemin à faire pour parvenir au dépouillement, plus on l'admire. Et il est certain qu'étant donnée la route parcourue depuis cette enfance où Colette « renâclait » comme une bête devant l'odeur de la maladie et de la vieillesse, et jusqu'à cet âge mûr où elle nous disait encore qu'elle se « bouchait les narines », parce que maladie et vieillesse viendraient bientôt la « serrer de près », nous avons vraiment lieu d'admirer celle qui, dans ses dernières années, clouée immobile par une arthrite douloureuse, sut transmuer tant d'ardeur de vivre, en un stoïcisme que masquait la bonhomie (1).

(1) Dans « *les Vrilles de la Vigne* », un texte, écrit lorsqu'elle avait trente-trois ans, préfigurait pourtant déjà ce qui serait un jour sa résignation. « Je m'étonne d'avoir vieilli pendant que je rêvais... D'un pinceau ému je pourrais repeindre, sur ce visage-ci, celui d'une fraîche enfant roussie de soleil... des joues élastiques achevées en un menton mince, des sourcils mobiles prompts à se plisser, une bouche dont les coins rusés démentent la courte

C'est dans *La Naissance d'un Jour,* livre qui évoque de façon prémonitoire le renoncement de Colette à l'amour, tel qu'il devait se produire plus tard, et qui nous introduit à l'autre versant de la vie, que tous les éléments du drame se trouvent réellement posés. Une femme ayant dépassé la cinquantaine s'adresse à nous dans ces pages où s'effectue la secrète pesée de ce qui est perdu et de ce qui peut, au contraire, être considéré comme un acquis. Fini le temps, nous dit Colette, où la femme pouvait se camper en figure d'abondance, déversant ses biens sans mesure, avec une « égoïste frénésie », criant à celui qu'elle gratifiait de ses dons amoureux : « Prends ! Ne t'avise pas de refuser, si tu ne veux pas que je crève de pléthore ! »

L'âge était venu où « il n'était plus donné à une femme que de s'enrichir ».

Et Colette, pour la première fois, nous disait entre-apercevoir cette libération qu'apporte à un être passionné l'apaisement des sens et du cœur.

« Une des grandes banalités de l'existence, avouait-elle, l'amour, se retire de la mienne... » « Il me semble qu'entre l'homme et moi une grande récréation commence... Homme, mon ami, viens respirer ensemble ? J'ai toujours aimé ta compagnie. Tu me réserves à présent un œil si doux. Tu regardes émerger, d'un confus amas de défroques féminines, alourdies encore comme d'algues, une naufragée... tu regardes émerger ta sœur, ton compère : une femme qui échappe à l'âge d'être

lèvre ingénue... Hélas, ce n'est qu'un instant... L'eau sombre du miroir retient seulement mon image... marquée de légers coups d'ongles, finement gravée aux paupières, au coin des lèvres, entre les sourcils têtus... Une image qui ne sourit ni ne s'attriste, et qui murmure, pour moi seule : « Il faut vieillir. Ne pleure pas, ne joins pas des doigts suppliants, ne te révolte pas : il faut vieillir. Répète-toi cette parole, non comme un cri de désespoir, mais comme le rappel d'un départ nécessaire... Déjà tu commences à t'éloigner de ta vie, ne l'oublie pas, il faut vieillir ! » Ce sentiment aigu de la jeunesse qui passe, nous le trouvons, aussi intense chez Madame de Noailles, mais traversé d'un cri, marqué d'un pathétique que Colette ne se fût pas permis.

une femme... Restons ensemble : tu n'as plus de raisons, maintenant, de me quitter pour toujours » (1).

L'âge de l'amitié commençait enfin. Celui aussi où une âme peut reconnaître qu'elle a fait preuve, somme toute, de courage. « Personne ne m'a tuée dans mon passé. Souffrir, oui, souffrir, j'ai su souffrir. Mais est-ce très grave ?... Je viens à en douter. » Et, parlant de son cœur : « Qu'il a bien battu et combattu ! murmurait-elle. Là... là... cœur... doucement.. Reposons-nous ! Tu as méprisé le bonheur, rendons-nous cette justice... Nous n'étions pas en danger... de nous tenir pour contents au sein d'une bonne petite félicité » (1). Ce royal mépris du bonheur, ne l'avions-nous pas déjà pressenti, dès les environs de sa vingtième année, lorsque Colette ajoutait, constatant qu'avant son union malheureuse avec Willy, tout ne lui avait été que roses : « Mais qu'aurais-je fait d'une vie qui n'eût été que roses ? » Constance d'un être à persévérer dans ses propres traces ! Comme nous les voyons désormais se marquer avec netteté, les données selon lesquelles va s'achever de se construire une personnalité.

La Naissance du Jour évoquait ce lever de clarté qui attend le sage de l'autre côté de l'obscurité des sens. Si lucide que s'annonçât, cependant, le combat contre soi d'un être fait pour remporter de constantes victoires de volonté, on ne pouvait encore présumer de sa réaction devant la souffrance physique et l'amoindrissement des forces vitales.

Après s'être revendiqué hautement en tant que chair, le tour de force consistait précisément à se désincarner. Des natures plus enclines à l'ascétisme, des âmes apparemment mieux trempées, nous réservent tous les jours d'assez malencontreuses désillusions quand vient pour elles le temps de l'inévitable passage. Or c'est à peine si au cours des œuvres qui suivirent *La Naissance du Jour,* nous avions vu se modifier la vision de Colette. Devant elle s'étendait encore presque toute l'ère de ses grands romans et plus de quinze années leur seront

(1) *La Naissance du Jour.*

consacrées. Mais, chaque fois que dans le tissu de l'œuvre romancée, s'était glissé un interlude personnel, comme *le Journal à Rebours,* ou *Paris de ma fenêtre,* nous avions constaté que son paysage intérieur était resté le même (1). Certaines phrases où le fameux sens de la généralité, de la catégorie, s'était mis à jouer comme une pudeur de plus, telles que : « les dames mûres ne doivent pas... se montrer avant la toilette du matin », ou, s'il s'agissait de s'adresser à une jeune amie : « les femmes de ta génération », etc.., nous avertissaient seulement que Colette se considérait comme ayant gagné quelque éminence d'où elle pouvait mieux suivre le déroulement d'un débat qui ne la concernait plus. Mais avec *L'Etoile Vesper* et *Le Fanal bleu,* l'évolution s'est accomplie. Ce n'est plus une femme que son corps conduit partout où elle le désire et qui sent l'univers à portée de sa main, qui nous parle, mais une femme malade et le plus souvent couchée. « Quelqu'un est venu une nouvelle fois pour « couper les tresses de Cybèle », et ce quelqu'un, c'est l'âge, la vieillesse et la maladie tant haïs. C'est une femme qui a dépassé soixante-dix ans, et, en dernier lieu, c'est une femme de près de quatre-vingts ans qui s'adresse à nous, et à qui la souffrance laisse de moins en moins de répit. Que nous dit-elle, elle, si farouchement du côté de la vie, qu'elle s'était reconnue, jadis, incapable même de ressentir le moindre regret devant la mort d'une fleur, nous avouant : « Je n'ai pas de goût pour les spectacles et les symboles d'une gracieuse mort... Je reste froide à l'agonie des corolles. Mais le début d'une carrière de fleur m'exalte... Qu'est la majesté de ce qui finit, auprès des départs titubants, des désordres de l'aurore ? » (1) Que peut-elle donc bien nous dire,

---

(1) Je ne mentionne pas ici *Mes Apprentissages* qui appartiennent pourtant à cette période : bien que daté de 1936, ce livre ne fait volontairement état que de la jeunesse de Colette et s'en tient à un passé antérieur de près de quarante ans.

(2) *Flore et Pomone.*

elle qui, ne relevant d'aucune croyance, ne peut attribuer à la souffrance la moindre valeur rédemptrice ? Elle dit, enragée encore de l'amour de se sentir vivre : « Heureusement, j'ai la douleur qui espère la trêve, mais ne prévoit pas la fin de la vie ». Et nous retrouvons ici les grandes constantes de sa personnalité : le courage, la volonté de se tenir bien en main, de se dominer, qui furent toujours les siennes sous une certaine apparence de laisser-aller et de recherche de ce qui peut être la sensation agréable. L'acceptation de la douleur, la reconnaissance de la place qu'elle a le droit de tenir dans une vie, au même titre que n'importe quelle manifestation vitale, ne nous était pas inconnue. C'était elle, déjà, qui, trente ans auparavant, faisait dire à Colette, parlant d'une souffrance d'amour : « Comme les reprises du mal sont terribles !... Il y a pis encore... Il y a le moment où vous ne souffrirez presque plus... où vous aurez perdu le beau désespoir passionné, frémissant, despotique » (1).

Maintenant encore, elle se sent assez de ressources pour redouter cette diminution d'ardeur que lui paraît être la sérénité. Elle se demande si elle n'a pas rompu trop facilement avec les souffrances qui sont l'apanage, non point seulement de la jeunesse, mais de l'être bien vivant, sur tous les registres qui lui sont accordés. Aussi s'applaudit-elle d'avoir conservé, du moins, la source de toute ardeur : la féminité. « Jusqu'à la fin jaloux, nous dit-elle, l'amour en cheveux blancs prolonge l'inestimable douleur d'aimer. » Autrefois déjà, ne faisait-elle pas dire à l'une de ses héroïnes qu'il fallait qu'une femme eût bien vieilli pour qu'elle acceptât de renoncer à avoir un spectateur de sa vie ? Plus qu'un spectateur, Colette a auprès d'elle, et depuis vingt ans ne la quittant pas plus que son ombre, celui dont le constant souci est de la relier par mille attentions à l'univers des bien-portants.

« Comme c'est étrange, une vie d'où se retire toute

---

(1) *Les Vrilles de la Vigne.*

espèce de malice ! » s'écrie Colette. « Ne plus mentir bénignement, ne plus abuser personne ». Et nous sentons qu'elle est tout près de s'émerveiller à se découvrir si radicalement transformée, elle qui affirmait jadis que « le mensonge est la meilleure parure d'une amoureuse ». Le goût de plaire, qui ne la quittera jamais, commande ce qui sera encore une éthique : la nécessité de porter beau, quels que soient la secrète humeur et un état physique de plus en plus déficient. Colette apprête donc son visage, se force au rire, à la boutade, après le grommellement de douleur qui marque le passage des médecins à son chevet, ou plutôt, nous confie-t-elle, « au bord du divan qui me sert à souffrir ou à travailler, le divan-radeau sur lequel, depuis des années, je vogue ».

Surtout, n'allons pas nous l'imaginer triste dans sa chambre ouvrant sur le paisible jardin du Palais-Royal, traversé de cris d'enfants et d'hirondelles. Comme elle aime ce paysage de façades toutes semblables, que scandent des pilastres cannelés ! Ce quartier de Paris, aussi retiré qu'une province, lui est aussi fécond que son village de jadis. C'est en lui désormais qu'elle puise la plupart de ses sujets d'observation. « Ce bruit... vous l'avez entendu ? Un bruit d'écroulement discret... Ce n'est rien, nous dit-elle, c'est le Palais-Royal qui fond. N'en prenez pas plus de souci que nous autres habitués » (1). Nous voilà tranquillisés, puisque Colette est dans le secret des choses. « Un sortilège nous tient tous ici, ajoute-t-elle, conserve au centre de Paris ce qui périclite et dure, ce qui succombe et ne bouge pas. » Nous apprenons aussi que dans cet appartement qui est le sien depuis dix années, « la verticale fléchit, l'horizontale se creuse en hamac, la boiserie des fenêtres poudroie comme du marc de café » (1). Mais Colette se proclame « têtue et contente à sa fenêtre », d'où elle surplombe comme d'une dernière dunette les passants et la vie, « obstinée à son Palais-Royal, comme

(1) *Mélanges.*

un bigorneau à sa coquille ». Autour d'elle, sur les murs, ainsi qu'elle nous le fait savoir, « tenture fleurie, bouquets peints, « fixés » du Second Empire, petites toiles succulentes d'amis peintres », ne reproduisant jamais la figure humaine, « ayant toujours craint, nous dit Colette, la présence, en portrait, du maléfique visage humain, l'excès de vie humaine, qui demeure attaché à la toile. » Sur les rayons des bibliothèques, quelques planches encadrées d'une grande Pomologie et, dans leurs boîtes transparentes, toute sa collection de papillons, allant du tête-de-nègre le plus velouté, à l'azur sablé de l'argent le plus fin. Sur la cheminée, ces boules de verre dont la séduisait la spirale captive, autour de laquelle tourne et se fait prisonnière la lumière. A la fenêtre, où elle fait encastrer la tête de son lit quand vient la belle saison, afin d'avoir l'illusion de coucher dehors, pendent des rideaux rouges. Montée sur pied mobile, la lampe voilée, le « Fanal Bleu », est à son poste, symbole peut-être de quelque bateau en partance dans la nuit.

C'est depuis ce radeau-divan qu'elle administre au mieux ses dernières années, « de tant d'honneurs et de maux chargés », reconnaît-elle, avec une ironie un peu amère. C'est là qu'elle continue d'écrire des pages dont elle nous dit d'abord que, les accumulant au hasard, elle ne sait pas si elles seront jamais publiées et qui, pourtant, à la fin de l'année, constitueront un nouveau livre. C'est là qu'elle piste, qu'elle traque le mot comme un gibier. N'est-elle pas du reste habituée à ne pas regimber devant la tâche, elle qui nous confiait déjà, dans *Belles-Saisons* : « Mes vacances, c'est d'aller travailler ailleurs ? »

Son travail, c'est toujours en appeler à sa mémoire, c'est refaire en sens inverse tous les détours d'une longue route. Montaigne disait déjà : « Les ans m'entraînent, s'ils veulent, mais à reculons ; autant que mes yeux peuvent encore reconnaître cette belle saison passée, je les y détourne à secousses ». De même, Colette demeure les yeux fixés sur cette « belle saison passée ».

Une bien bonne chose, se félicite Colette : ne pas avoir d'imagination. « Si j'avais battu *la* campagne où se fussent égarés les nuits et les songes » ?... Tandis que soixante ans j'ai battu paisiblement mes campagnes, pour en secouer une moisson de plus, un poussin, un chat de plus, un crépuscule, une fleur filiale, une saveur de plus ». Ainsi fait-elle encore. Point de notes, point de plan ; sa méthode de travail, Colette nous la confie : « Je pars, je m'élance sur un chemin autrefois familier, à la vitesse de mon ancien pas ». Et nous voilà, tout courant derrière elle. Parlant d'elle à propos de tout et de tout à propos d'elle, ne sont-ce pas en quelque sorte ses *Essais* qu'elle est en train d'écrire ? « Choisir, noter ce qui fut marquant, garder l'insolite, éliminer le banal, ce n'est pas mon affaire, nous dit-elle, puisque la plupart du temps, c'est l'ordinaire qui me pique et me vivifie » (1). C'est par cette curiosité appliquée efficacement aux plus petites choses qu'elle nous donne appétit de vivre et que son action sur nous est tonique, comme ce « petit verre de vin d'orange » qu'elle préconisait aux personnes en mal-être physique, les jours de brume et de grand froid.

« Un sport, un défi », nous assure-t-elle, que cette constante poursuite du souvenir fécondant. Ne serait-il pas temps cependant pour elle de s'abandonner à ce goût de l'oisiveté qu'il ne lui a jamais été permis de satisfaire ? Mais aussitôt Colette se compare à la jument aubère qui appartint jadis à son frère Achille, et qui, attelée de nuit comme de jour, cheminait vaillamment sur les routes, par beau temps ou froidure. On projetait toujours de lui « payer des rentes » et de la laisser désormais à l'écurie, mais, la nécessité aidant, la jument se retrouvait toujours attelée à la carriole. Moi aussi, assure Colette, « je serais restée plus longtemps dans mes brancards, agile encore et gardant le

---

(1) *Le Fanal Bleu.*

goût de la route. Un accident et ses conséquences ont délimité mon lot... Mon lot exige seulement de la résignation... et un bon accord entre le passé et le présent » (1). Cet accord, nous sommes persuadés qu'elle a su l'obtenir. Le passé, c'est le domaine qu'elle hante, même la nuit, au cours d'insomnies auxquelles elle en vient à se livrer volontairement. Le présent, c'est l'observation attentive de tout ce qui se propose à ses yeux et « l'occupation manuelle, qui règle les battements du cœur et rythme la pensée ». Cette occupation, à défaut du jardinage ou du bricolage de toute sorte auquel Colette excellait jadis, c'est la tapisserie. « Ayant, un demi-siècle, écrit noir sur blanc, j'écris en couleurs sur canevas depuis tantôt dix années », nous dit Colette. « L'aiguille remorque sa queue de laine... Mes mémoires s'écrivent en verdure bleue, en lilas rose, en anthémis multicolores » (1). Elle nous dira plus loin : « Mes amies disent que je m'y amuse, mon meilleur ami sait que je m'y repose ».

A part certains instants de révolte, des : « J'en ai assez !... je veux ma jambe ! Un miracle, tonnerre de tonnerre ! Il n'est que temps ! » auxquels Colette ne semble pas attacher plus d'importance que nous, tout se déroule sur le mode d'une sérénité parfaite. « Jours, non point avares, mais rapides », nous dit-elle. Et sa façon de nous conter les petits événements qui les composent pourrait bien constituer, sans qu'elle s'en doutât (ne voit-on pas tous les jours des auteurs se tromper sur la portée réelle de leurs œuvres ?) quelque chose qu'elle se fût défendu d'appeler son testament moral. Aussi, cette fameuse « grande idée », cette « idée générale », qu'un de ses amis regrettait de ne pas trouver comme principe directeur à tous ses ouvrages et dont il estimait qu'elle lui eût « servi quasiment de religion, de dignité, d'inspiration », c'est sans doute dans ses deux dernières œuvres qu'elle se manifeste. Par l'action de la maladie et de la souffrance

---

(1) *L'Etoile Vesper.*

quelque insidieuse montée à un haut-lieu se poursuit pour elle. Ni envie, ni amertume n'empoisonnent son cœur. Au contraire : « J'admire, je me réjouis... je frôle et célèbre tous ces bien-jambés. — Oh ! non... n'allez pas penser que je suis jalouse ni triste, faites-moi l'honneur de croire que je sais goûter la part qui m'est laissée, porter allègrement ce qui m'eût autrefois paru lourd, puiser, dans cette faille qui me creuse et me divise, un peu de... oui, de noblesse. J'hésite, je tâte et mesure un tel mot : s'il allait m'être trop grand ? » (1). Et plus loin : « Je ris en moi-même quand des personnes très gentilles s'aventurent, à mon sujet, jusqu'au mot « ascétisme », comme si ce fût le nom d'un grade. Pense-t-on qu'il soit aisé d'échapper à l'ascétisme ? » (1).

Sans doute sommes-nous tous plus ou moins condamnés à l'ascétisme, du fait de l'âge. Mais peut-on y parvenir avec plus d'ouverture et de générosité ?

Colette expérimente cette vérité qui reste hors de l'atteinte de tant d'êtres : « La liberté des enchaînés est vaste et secrète ». Comme nous sommes loin, ici, de la réflexion désabusée d'une autre femme de génie, Madame de Staël, qui estimait que c'en est fini d'une femme, lorsqu'elle n'est plus « la première pensée d'un homme ». Sa belle et tragique parole : « La gloire, c'est le deuil éclatant du bonheur », il nous est impossible de nous représenter qu'elle eût pu jamais être prononcée par Colette. D'abord, parce qu'elle n'a jamais convoité la gloire ; ensuite, parce qu'elle a appris très tôt à se passer du bonheur, et enfin, parce qu'à la différence de Germaine de Staël, pour qui la nature restait lettre-morte et qui n'eût pas ouvert sa fenêtre devant la baie de Naples, le contact avec la nature eût toujours préservé Colette du désespoir.

Si nous devons lui chercher des pairs, ce n'est pas parmi les femmes que nous les trouverons. Les sujets, les préoccupations de ses romans nous trompent en

(1) *Le Fanal Bleu.*

nous la faisant juger comme exclusivement féminine. En réalité, *L'Etoile Vesper* et *Le Fanal bleu* nous révèlent ce cœur de « grand homme » qu'elle sentait jadis battre dans sa poitrine. Cette « âme extraordinaire d'homme intelligent » l'apparente, quant aux ressources et à la vigueur de l'esprit, à Montaigne, dont j'ai déjà commencé de la rapprocher. Leur caractère offre plus d'un point commun, ne fût-ce que dans la sagesse et la modération qu'ils surent faire entrer dans l'économie de leur existence, prenant tous deux « pour la plus parfaite, la moyenne mesure ». Mais si l'art de « bien vieillir » de Montaigne s'accommode d'un certain désabusement, chez Colette, au contraire, c'est l'art de s'émerveiller qui ira croissant jusqu'à la fin. En cela, elle nous offre un exemple sans doute unique dans toute l'histoire littéraire. Là où Montaigne, approchant de la cinquantaine, estimait que « la décrépitude est qualité solitaire », et qu' « il est temps de tourner le dos à la compagnie » puisque « c'est trop abuser de nature de la traîner si loin qu'elle soit contrainte de nous quitter et abandonner notre conduite à la merci d'un secours étranger », Colette, elle, se borne à conclure : « Ne plus porter mes pas dans la direction imprévue, ne presque plus choisir... je suis entrée dans la dépendance » ; et nous découvrons qu'elle est de taille encore à tirer profit de cette dépendance et à se pencher sur cette incapacité comme sur une source d'expériences fructueuses. Que quelque randonnée en voiture, grâce à mille précautions, soit encore possible, et la voilà même se félicitant de la chance qui lui permet maintenant de savourer cet élément devenu si paradoxal en notre siècle: la lenteur: « C'est qu'il y a tant à regarder, nous dit-elle, quand on chemine lentement. Les reliefs qu'efface la vitesse, ressuscitent. Il m'en a fallu, des ans et des incommodités, pour que j'aie droit à la lenteur, à l'arrêt capricieux, au narcisse, à l'orchis pourpré, à la fraise sauvage ! » (1)

(1) *Le Fanal bleu*.

Oui, c'est bien d'émerveillement qu'il s'agit toujours. Le mot n'est pas trop fort. Au mur et à mesure qu'elle avance, les richesses de la vie lui semblent plus prodigieuses et elle nous dit du reste très explicitement que, la vieillesse lui ayant apporté une faculté d'émerveillement plus grande, elle estimait n'avoir pas payé de trop « d'empêchement » un accroissement si précieux.

Mais la vieillesse de Colette et celle de Montaigne offrent d'autres sujets de méditation et d'opposition. Pour Montaigne encore « que nature nous soustrait la vie par le menu, c'est le seul bénéfice de la vieillesse. La dernière mort en sera d'autant moins pleine et nuisible, elle ne tuera plus qu'un demi ou un quart d'homme ». Cette résignation, sinon désespérée, du moins désespérante, n'est pas du tout la manière de Colette, qui refusait les analgésiques pour garder sa conscience plus entière. C'est toujours dans le maximum de sa propre présence qu'elle veut livrer le combat. A son sens, il s'agit de continuer à s'enrichir : « Les nuits que choisit l'arthrite pour travailler hanche et jambe, nous dit-elle, j'hésite à les nommer mauvaises nuits. Il y a dans la douleur manifestée par élancements ou par ondes, une contribution de rythme que je ne puis tout entière maudire... Ce que j'appelle souffrir honorablement, c'est mon dialogue avec cette présence d'un mal. Debout, elle m'empêche de marcher, mais couchée, je lui tiens tête... De ce membre que tu tourmentes, douleur, j'ai — sauf quelques rares défaillances de ma volonté — attendu que tu te retires, et tu t'es retirée. Tu n'as pas encore pu faire que mon réveil soit embourbé, ma langue amère, mon sommeil troublé de pâles et suspectes merveilles... » (1). Et encore, à la triste constatation de Montaigne : « Que je me chatouille, je ne puis tantôt plus arracher un pauvre rire de ce méchant corps », Colette oppose : « Je suis un vieillard normal, donc qui s'égaie facilement. Les vieil-

---

(1) *L'Etoile Vesper.*

lards tristes sont des anormaux, des malades ou des méchants. » Mais c'est peut-être à la lumière de cet aveu ultime d'un homme, qui sut pourtant se gouverner efficacement, sa vie entière, que se marque le mieux le courage et la grandeur de Colette. « Puisque c'est le privilège de l'esprit de se ravoir de la vieillesse, nous dit Montaigne, je lui conseille, autant que je puis, de le faire... Je crains que c'est un traître ; il s'est si étroitement affréré au corps, qu'il m'abandonne à tout coup pour le suivre : J'ai beau... lui présenter Sénèque et Catulle... si son compagnon a la colique, il semble qu'il l'ait aussi ».

Colette refuse cette primauté des sensations douloureuses du corps. Elle ne rappelle à son esprit ni Catulle, ni Sénèque, mais les plates-bandes fleuries du Palais-Royal, ses souvenirs toujours nourriciers, et la délectation qu'elle éprouve à sa fenêtre par les matins de brouillard d'automne, à sentir les muqueuses de son nez « humides comme celles d'un chien ».

Qu'une pensée d'une tonalité plus grave la traverse parfois, elle ne provoque en Colette que le désir de mettre toutes ses affaires en ordre et de ne pas être prise au dépourvu. « Etre exacte, nous dit-elle, être prête, être en règle, c'est tout un ». Georges Wague, du temps qu'elle travaillait au music-hall, ne l'appelait-il pas déjà — tant elle mettait de discipline, de ponctualité, de rectitude dans son travail : « Quelle heure est-il ? » Maintenant, admet Colette, « il est l'heure de comparaître ». Non certes devant un Dieu, mais devant les hommes. Aussi importe-t-il que tout soit au net de ce qui fut une activité purement humaine. Pas de dettes, des tiroirs bien rangés, « une paperasserie bien alignée ». C'est en cela que nous pouvons l'appeler vertueuse, dans le sens de « Virtus » courage.

En tout cas, rien ici qui ait le moindre accent dramatique, mais cette simple constatation: « Comme il est difficile de savoir mettre un terme à soi-même ! S'il n'est que d'essayer, c'est fait. J'essaye ». Et c'est tout juste si Colette n'ajoute pas familièrement : « Voilà, j'ai réussi. Ne vous effrayez pas. Je suis déjà morte ».

La notion de désespoir ne semble l'avoir jamais atteinte. Si près de sa fin, Colette devrait, semble-t-il, nous confier quelles sont ses conceptions dernières. Pour elle, sans doute, la seule réalité qui dépasse l'homme, c'est celle de l'immense nature à laquelle par amoureuse attention, il peut déjà participer de son vivant, avant de se dissoudre complètement en elle. Je dis *sans doute*, car Colette reste muette quant à son interprétation finale, la mort étant un sujet auquel elle s'est toujours défendue de toucher. Elle a beau tenter de se donner « un peu de souci de ce qui vient après » elle est obligée de reconnaître : « La mort ne m'intéresse pas, la mienne non plus ». Mais c'est dans *Le Fanal Bleu* que l'admirable détachement d'un être pour tout ce qui concerne sa durée propre se fait jour :

« Que nos précieux sens s'émoussent par l'effet de l'âge, il ne faut pas nous en effrayer plus que de raison. J'écris « nous » mais c'est moi que je prêche. Je voudrais surtout qu'un état nouveau, lentement acquis, ne m'abusât point sur sa nature. Il porte un nom. Ce n'est pas que je m'en réjouisse mais je n'ai pas le choix.

« Une fois, deux fois, trois fois, me détournant du livre ou du papier bleuté vers le préau magnifique dont la vue m'est consentie, j'ai pensé : « Les enfants du Jardin cette année sont moins criards », peu après j'accusais d'extinction progressive la sonnette de l'entrée, celle du téléphone, et tous les timbres orchestraux de la radio. Quant à la lampe de porcelaine..., je n'eus pour elle que grommellement et injustice : « Qu'est-ce qu'elle a pu manger, celle-là, pour être si lourde ? » O découvertes, et toujours découvertes ! Il n'y a qu'à attendre pour que tout s'éclaire. Au lieu d'aborder des îles, je vogue donc vers ce large où ne parvient que le bruit solitaire du cœur, pareil à celui du ressac ? Rien ne dépérit, c'est moi qui m'éloigne, rassurons-nous » (1).

(1) *Le Fanal Bleu*.

Devant cette résignation aux yeux grands ouverts, ce tranquille acquiescement à l'inexorable loi de la nature, on est saisi de respect !... Tout est logique dans l'évolution de cet être : tout a été assumé jusqu'au bout d'un destin, à son avis, sans lendemain. Et si nous songeons, que Colette, dans ses heures de souffrance et d'insomnie, a eu beaucoup de temps pour considérer ce qui vient vers chacun de nous du fond de l'avenir, il faut avouer qu'en elle s'incarne un des plus beaux stoïcismes dont l'être humain puisse donner l'exemple.

Point d'éclat ici, de sommation romantique à la nature, d'indignation parce que notre départ la laisse indifférente. Pour Colette au contraire, l'idée que TOUT continue derrière elle, semblable, lui est un réconfort. Ici encore elle se rallie à la vie, elle se range passionnément du côté de la vie, même après sa mort. Et, une nouvelle fois, nous la voyons creuser plus profondément ce qui avait été une des données premières de son être. Car déjà son héroïne de *La Retraite Sentimentale*, ayant vu mourir l'être qu'elle aimait, trouvait un apaisement à ce que le printemps ramenât dans la campagne « la forme, en boutons de roses, des bourgeons du marronnier... la coupe filigranée des anémones sauvages... le vin piquant d'un nouveau soleil... » et se fortifiait de « tout ce qu'il y a d'intact, d'inévitable, d'imprévu et de serein dans la marche des heures, dans le décor des saisons... »

Pareille fidélité à soi-même ne nous permet-elle pas de présumer qu'il fut donné à Colette de refermer cette boucle parfaite, dont elle avait toujours eu la nostalgie, et que, parvenue à la fin de sa vie, elle réussit à remettre ses pas dans les empreintes de son passé, de cette enfance dont lui était venue toute sa richesse et sa puissance d'émotion ? Elle a dû se reproduire plus d'une fois, cette hallucination de la tendresse qu'elle avait déjà connue vers le milieu de sa vie, et qui lui avait fait alors s'écrier : « Je reconnais le chemin du retour. Maint stade est accompli, dépassé... Ici-bas, quand je ne croyais plus la suivre que de l'autre côté de la vie, ici-bas existe donc une sente potagère où je pourrais remonter mes propres empreintes ? A la margelle du puits un fantôme maternel, en robe de satinette bleue démodée, emplit-il les arrosoirs ? Cette fraîcheur de poudre d'eau, ce doux leurre, cet esprit de province, cette innocence enfin, n'est-ce pas l'appel charmant de la fin de la vie ? » (1).

Ne nous semble-t-il pas entendre un son de flûte dans un verger? Quelque créature bucolique nous tend les pommes d'or d'une merveilleuse promesse. Ce que nous avions considéré jusqu'à ce jour comme un naufrage — la vieillesse et ce qui met un terme à la vieillesse — voilà qu'on l'a changé pour nous en un accord d'une tendre sagesse. Peut-on rêver renversement plus grand ? Quel est, en définitive, cet être dont nous éblouissent les dernières richesses ? Maintenant que Colette s'enfonce peu à peu dans le silence, nous pouvons être certains que bien souvent doit venir la visiter le fantôme maternel « dans sa robe de satinette » inoubliée. Et voilà qu'étrangement surgit, aux côtés de Colette, et bien qu'à son antipode pour sa conception de la vie et de la mort, le seul écrivain qui eût peut-être de l'enfance une nostalgie et un respect comparables : Georges Bernanos. Reliant à l'agonie cette enfance que nous trahissons chaque année davantage, et évoquant le petit garçon qu'il fut, celui qui lui semblait le plus mort d'entre tous les êtres différents qu'il avait été au cours de sa vie, Bernanos nous dit : « C'est lui pourtant, qui, l'heure venue, reprendra sa place à la tête de ma vie, rassemblera mes pauvres années jusqu'à la dernière, et comme un jeune chef ses vétérans, ralliant ses troupes en désordre, entrera le premier dans la Maison du Père » (2).

Pour Bernanos, il s'agissait de l'entrée dans quelque céleste royaume. Pour Colette ses dernières heures ont dû se blottir sous l'égide de la mère. C'est bien d'un retour dans le sein maternel qu'il s'est agi. Pour une

---

(1) *La Naissance du Jour.*
(2 *Les Grands Cimetières sous la lune*

fois le fleuve avait réussi à remonter jusqu'à sa source.

« Cet air impatient, soulevé d'attente, qu'on voit aux papillons morts et grands ouverts ». Cette phrase de Colette ne s'applique-t-elle pas invinciblement à ce que dût être l'instant de sa propre mort, quand, s'efforçant de rallier une liberté nouvelle, elle luttait pour échapper à un corps à bout de souffle. C'est sur le frémissement immobile des grands papillons violets et bleus qui luisaient comme des émaux dans sa chambre, que ses yeux se posèrent une dernière fois, lorsqu'elle murmura, pour un interlocuteur qu'elle ne voyait déjà plus, le mot retrouvé de sa mère, l'injonction émerveillée, jaillie du plus profond de la lointaine enfance : « Regarde ! »

IX

COLETTE ET LA POSTERITE

« La gloire, c'est le soleil des morts. »
(Balzac).

Il est toujours émouvant, quels que soient les risques d'erreur, de tenter d'assigner sa place future à l'œuvre d'un écrivain qui vient de mourir. L'éclairage s'organise désormais, selon une perspective nouvelle : celle de la postérité. C'est elle qui, à l'aide de son trébuchet invisible, se livre à de secrètes et incessantes pesées, et, par delà les jugements d'un public qui ne statue que sur l'immédiat, c'est elle qui établira l'artiste au rang qui lui revient, et d'où il ne cesse plus d'être confronté avec ses pairs.

Colette est à la fois très connue et assez mal connue en ce sens que ses romans accaparent, au bénéfice d'une réputation de romancière, une personnalité bien autrement profonde dès qu'elle accepte de parler de la maison de son enfance, de Sido, de la maladie ou de la vieillesse.

Les deux courants de son œuvre nous apparaissent maintenant clairement. L'un correspond aux ouvrages purement romanesques qui illustrent la conception que l'auteur se fait des rapports entre les hommes et les femmes. Sans doute est-ce la partie la moins riche, qu'il s'agisse de *Duo*, du *Toutounier*, de *La Seconde* ou de *Julie de Carneilhan*. (Il faut toutefois mettre à part *La Vagabonde* et surtout *Chéri* et *La Fin de Chéri*.) Malgré le goût que le public a manifesté pour cette partie romancée de l'œuvre, il se pourrait qu'elle ne soit pas appelée à se soutenir indéfiniment dans les mémoires. Ce n'est pas parce qu'ils appartiennent à un passé dont les conventions et la frivolité nous semblent révolues qu'un grand nombre de ses personnages ne se maintiendront pas. « La Princesse de Clèves » et Julien Sorel traduisaient aussi les conventions de leur époque, ils n'en demeurent pas moins les contemporains d'une manière de sentir qui est de toutes les époques. Plus un personnage est particularisé, plus il a de chance de ne pas se démoder. C'est par leur peu de complexité psychologique que bien des héros de Colette sont condamnés, en dépit du nombre de lecteurs qui, momentanément, se sont retrouvés en eux. Il est certain que la première venue se reconnaîtra dans la jalousie d'une Madame Farou ou d'une Julie de Carneilhan qui n'exploite qu'un petit domaine de l'affectivité, mais que le premier venu, lui, ne se retrouvera pas dans l'analyse de la jalousie d'un Swann, parce qu'il lui faudrait, de même qu'au personnage de Proust, une sensibilité subtile et anxieuse, capable de tout peupler du sentiment de l'absence de l'être aimé. La consécration finale d'une œuvre dépendant du choix du plus petit nombre ; on peut donc prévoir quel sera le jugement de la postérité.

L'autre courant, au contraire, nous introduit auprès de la seule Colette, non pas tant par le récit qu'elle nous fait de tel épisode de sa vie que par les notations, les jugements, les réactions dont elle a parsemé ses écrits, et qui sont autant de révélations sur son être profond. A la différence des mémorialistes du XVIIe siècle, qui campent leur portrait en quelques lignes, ou lui consacrent au plus une demi-page. Colette, en effet, dissémina ses propres traits à travers toute son œuvre. Elle nous avertit du reste : « On croit que je fais mon portrait. Patience : c'est seulement mon modèle » (1). Cela signifie qu'à l'instar des artistes dont la person-

(1) *La Naissance du Jour.*

nalité s'épure à travers l'œuvre elle a donné à cette œuvre la rigueur qui pouvait manquer à sa vie. Ce « modèle » exemplaire, c'est à lui désormais que nous nous référons, lorsque nous parlons de l'écrivain Colette. Il y a, en tout créateur une présence double, la présence immédiate, la seule qu'autrui appréhende et qu'il croit être la vraie et l'être profond, qui en marge des rapports humains et des événements journaliers s'emploie, dans l'invisible, à couper, à retrancher dans les données de sa nature, pour former quelque enfant spirituel, appelé, lui, à survivre. Colette se refusa toujours à écrire de vrais « Mémoires » : « J'ai essayé autrefois, nous dit-elle de hausser mes souvenir au ton de la confidence intégrale. Le résultat mérita tout de suite d'être anéanti, fleura le ragot, le fagot » (1). C'est parce qu'elle a renoncé à être totalement subjective que le lecteur doit s'imposer une tâche nouvelle : refaire en sens inverse le chemin qui, de roman en roman, avait commencé de le persuader qu'il avait affaire à un écrivain objectif. Sensible désormais aux traces secrètes qu'il n'avait pas songé d'abord à interpréter, il se trouvera, un jour en présence de ce fameux « modèle », façonné par Colette à force de patience, et avec lequel il pourra entamer le dialogue dont nous parlions au début et confronter sa propre conception de la vie.

Fait étrange, l'approbation redoutable du plus grand nombre s'est trouvée jouer ici sur les qualités de cette œuvre les plus susceptibles de pérennité Le public s'est répandu en louanges sur la Colette des chats, des chiens, des bêtes en général et de toutes les descriptions de la nature, et il se confirmera de plus en plus qu'il ne s'est pas trompé.

C'est pourquoi Colette se range parmi les écrivains les plus grands de sa génération, soit qu'elle s'oppose catégoriquement aux uns, soit qu'elle s'apparente au

---

(1) *Le Fanal Bleu.*

contraire paradoxalement à d'autres dont, à première vue, elle semble la plus éloignée.

Si nous nous reportons par exemple aux problèmes d'esthétisme qui se posèrent à Gide et à Valéry dans leur vingtième année, aux environs de 1890, lorsque la préciosité de certains milieux littéraires influençait le jeune Gide, au point de lui faire écrire, au sujet du rêve : « la brusque cueillaison de Corymbe chimérique » risque d'en faire « déchoir les pétales au froid vent de la réalité », nous comprenons que semblable recherche ne pouvait que demeurer tout à fait étrangère au jaillissement, fût-il sévèrement contrôlé, d'une Colette, à sa force de jeune plante poussée en pleine terre. De même cette affirmation de Gide à Valéry : « Vous avez raison, Paul Ambroise : il faudrait partir de ce point que vivre, après tout, n'est pas bien nécessaire », n'aurait jamais pu être la sienne. Et c'est ici qu'apparaît, fort déconcertante à première vue, la ressemblance, du moins quant au tempérament, entre Colette et un autre écrivain nourri, lui aussi, des sucs de sa province : Paul Claudel. Tous deux, gardant un contact étroit avec le sol, n'étaient pas en danger de subir les effets d'un intellectualisme allant jusqu'à remettre en cause la valeur même de la vie. Chez l'un comme chez l'autre, même amour des choses de la terre, même équilibre, même ardeur de participer à toute manifestation de la nature, se traduisant par un goût semblable des récits de voyage. « Quand j'étais enfant, nous dit Colette, je voyageais déjà beaucoup. J'empruntais les mêmes voies et les mêmes guides à peu près qu'aujourd'hui. J'ouvrais quelques-uns des tomes du *Tour du Monde* et je ne rentrais que je n'eusse visité une partie de l'Univers » (1). Pour Claudel ce fut Jules Verne le grand introducteur aux merveilles lointaines. Mais si, petit garçon, il cherchait à calmer, par-delà sa passion d'exotisme, un besoin d'action violente, Colette, elle, suivait ses explorateurs pour cueillir derrière eux la

---

(1) *Mélanges.*

fleur fabuleuse des tropiques ou contempler tel insecte qu'on ne trouve que sur les bords de l'Amazone.

Un texte de Claudel nous le montre aussi curieux que pouvait l'être la petite Colette, mais bien différent quant au sens qu'il donnait à sa curiosité : « Je me revois à la plus haute branche du vieil arbre dans le vent, enfant balancé parmi les pommes. De là, comme un Dieu sur sa tige, spectateur du théâtre du monde, dans une profonde considération, j'étudie le relief et la conformation de la terre, la disposition des pentes et des plans ; l'œil fixe comme un corbeau, je dévisage la campagne déployée, sur mon perchoir. »

Là où Claudel, avec une certaine solennité, parle de « profonde considération », Colette, elle, nous décrivant par exemple « la croissance fantastique du champignon qui monte en grandissant sur sa tête ronde la feuille qui l'a vu naître », ou « le bruit de patte délicate d'insecte, des iris qui éclosent » n'a d'autre ambition que de verser sa « mince contribution au trésor des connaissances humaines ».

Il n'en reste pas moins que le goût d'exploiter tout ce qui s'offre magnifiquement, innocemment, dans le domaine de la Nature est commun aux deux écrivains. Mais Fère-en-Tardenois, situé en cette plaine de Champagne où rien n'arrête le regard, ouverte largement au vent de la terre, a suscité chez Claudel, enfant, œil habitué à compter par larges espaces ; tandis que Saint-Sauveur-en-Puisaye et ses replis charmants ont formé chez Colette ce regard un peu myope, qui voit de près et contemple à la loupe le détail qu'elle a sous les yeux. A la différence aussi de ces parents libres-penseurs et de ce village « mal pensant » qui furent ceux de Colette, la famille de Claudel et sa terre de Champagne, résonnant d'appel de clochers, étaient imprégnées de traditions chrétiennes. Et la conversion du poète devait faire dériver une part de son ardeur dans une voie bien différente de celle, toute charnelle, qui avait été la sienne auparavant.

Ces similitudes de tempérament ne valent donc que

pour le jeune âge. Il arrive que deux fleuves aient leur source presque dans le même lieu. Mais leur tracé les écarte de plus en plus l'un de l'autre ; et, à leur embouchure, ils ne marquent plus que des directions différentes. Ainsi de Colette et de Claudel à l'instant qu'ils entrent dans la mort. A moins d'un an de distance le catafalque érigé sur le parvis de Notre-Dame, offert aux prières des fidèles et aux bénédictions de l'Eglise, et cet autre catafalque dressé dans le Jardin du Palais-Royal, offert, lui, à la seule reconnaissance des hommes, achèvent de rendre sensible à notre esprit l'opposition fondamentale de ces deux grands contemporains.

★

A l'instant de quitter Colette qui garde, intact, comme tous les créateurs, le grand mystère, le seul essentiel, celui de son génie qui n'était affaire qu'entre elle-même et l'Indicible, et comme nous cherchons encore à la cerner d'un dernier trait, cette affirmation de Proust sur Ruskin nous revient à l'esprit : « Mort, il continue de nous éclairer comme ces étoiles éteintes dont la lumière nous arrive encore, et c'est par ses yeux fermés à jamais au fond du tombeau que des générations qui ne sont pas encore nées verront la Nature. »

BIBLIOGRAPHIE

Claudine à l'Ecole, par WILLY - Paris 1900, *P. Ollendorff*, le nom de Colette associé à celui de Willy, n'apparaîtra que dans les éditions postérieures à 1911.

Claudine à Paris, par WILLY - Paris 1901, *P. Ollendorff*, le nom de Colette associé à celui de Willy, n'apparaîtra que dans les éditions postérieures à 1911.

Claudine en Ménage, par WILLY - Paris 1902, *Mercure de France* ; le nom de Colette associé à celui de Willy, n'apparaîtra que dans les éditions postérieures à 1924.

Claudine s'en va, par WILLY - Paris 1903, *P. Ollendorff*, le nom de Colette associé à celui de Willy, n'apparaîtra que dans les éditions postérieures à 1907.

Minne, par WILLY - Paris 1904, *P. Ollendorff*.

Les égarements de Minne, par WILLY - Paris 1905, *P. Ollendorff* (ces deux derniers ouvrages profondément modifiés et refondus en un seul, seront publiés sous la signature de Colette Willy en 1909 et sous le titre *L'Ingénue libertine*).

Dialogues de Bêtes, par Colette WILLY - Paris 1904, *Mercure de France*. L'édition de 1904 ne contenait que 4 contes. En 1907, une nouvelle version contenant 7 dialogues sera préfacée par Francis Jammes.

La Retraite sentimentale, par Colette WILLY - Paris 1907, *Mercure de France*.

Les Vrilles de la Vigne, par Colette WILLY - Paris 1908, *Editions de la Vie Parisienne*.

L'Ingénue libertine, par Colette WILLY - Paris 1909, *P. Ollendorff*.

La Vagabonde, par Colette WILLY - Paris 1911, *P. Ollendorff*

L'Envers du Music-Hall, par COLETTE - Paris 1913, *Flammarion*.

L'Entrave, par COLETTE - Paris 1913, *Librairie des Lettres*.

La Paix chez les Bêtes, par COLETTE - Paris 1916, *Georges Crès et Cie*.

Prrou, Poucette et quelques autres, par Colette WILLY - Paris 1913, *Librairie des Lettres*.

Les Heures longues, par COLETTE - Paris 1917, *A. Fayard*.

Les Enfants dans les Ruines, par COLETTE - Paris 1917, *Editions de la Maison du Livre*.

Dans la Foule, par COLETTE - Paris 1918, *Georges Crès et Cie*.

Mitsou ou comment l'esprit vient aux Filles, par COLETTE - Paris 1919, *A. Fayard*.

La Chambre éclairée, par COLETTE - Paris 1920, *Edouard Joseph*.

Chéri, par COLETTE - Paris 1920, *A. Fayard*.

La Maison de Claudine, par COLETTE - Paris 1922, *J. Ferenczi*.

Le Voyage égoïste, par COLETTE - Paris 1922, *Edouard Pelletan*.

Le Blé en herbe, par COLETTE - Paris 1923, *Flammarion*.

Rêverie de Nouvel An, par COLETTE - Paris 1925, *Stock*.

La Femme cachée, par COLETTE - Paris 1924, *Flammarion*.

Aventures quotidiennes, par COLETTE - Paris 1924, *Flammarion*.

Quatre Saisons, par COLETTE - Paris 1925, *Philippe Ortiz*.

La fin de Chéri, par COLETTE - Paris 1926, *Flammarion*.

La Naissance du Jour, par COLETTE - Paris 1928, *Flammarion*.

Renée Vivien, par COLETTE - Abbeville 1928, *F. Paillart*.

La Seconde, par COLETTE - Paris 1929, *J. Ferenczi*.

Sido, par COLETTE - Paris 1929, *Editions Krâ*.

Histoires pour Bel Gazou, par COLETTE - Paris 1930, *Stock*.

Supplément à Don Juan, par COLETTE - Paris 1931, *Editions du Trianon*.

Paradis terrestre, par COLETTE - Lausanne 1932, *Gonin et Cie*.

Prisons et Paradis, par COLETTE - Paris 1932, *J. Ferenczi*.

Ces Plaisirs, par COLETTE - Paris 1932, *J. Ferenczi*. — Cet ouvrage a été réimprimé en 1941 sous le titre *Le Pur et l'Impur*.

La Chatte, par COLETTE - Paris 1933, *B. Grasset*.

Duo, par COLETTE - Paris 1934, *J. Ferenczi*.

La Jumelle noire, par COLETTE - Paris 1934, 1935, 1937, 1938, *J. Ferenczi* (recueil de critiques dramatiques).

Discours de réception à l'Académie Royale de Belgique - Paris 1936, *B. Grasset*.

Mes Apprentissages, par COLETTE - Paris 1936, *J. Ferenczi*.

Chats, par COLETTE - Paris 1936, *Jacques Nam*.

Splendeur des Papillons, texte de COLETTE - Paris 1937, *Plon*.
Bella-Vista, par COLETTE - Paris 1937, *J. Ferenczi*.
Le Toutounier, par COLETTE - Paris 1939, *J. Ferenczi*.
Chambre d'Hôtel, par COLETTE - Paris 1940, *A. Fayard*.
Journal à rebours, par COLETTE - Paris 1941, *A. Fayard*.
Julie de Carneilhan, par COLETTE - Paris 1941, *A. Fayard*.
De ma Fenêtre, par COLETTE - Paris 1942, *Aux Armes de France*.
De la Patte à l'Aile, par COLETTE - Paris 1943, *Corrêa*.
Flore et Pomone, par COLETTE - Paris 1943, *Editions de la Galerie Charpentier*.
Nudité, par COLETTE - Paris 1943, *Editions de la Mappemonde*.
Le Képi, par COLETTE - Paris 1943, *A. Fayard*.
Broderie ancienne, par COLETTE - Monaco 1941, *Editions du Rocher*.
Gigi, par COLETTE - Lausanne 1944, *La Guilde du Livre*.
Trois, Six, Neuf, par COLETTE - Paris 1944, *Editions Corrêa*.
Belles Saisons, par COLETTE - Paris 1945, *Editions de la Galerie Charpentier*.
Une Amitié inattendue, correspondance de Colette et de Francis Jammes - Paris 1945, *Emile Paul Frères*.
L'Etoile Vesper, par COLETTE - Genève 1946, *Editions du Milieu du Monde*.
En Camarade, pièce en deux actes, par COLETTE - Paris 1948, *Société d'Imprimerie Parisienne*.
Pour un Herbier, par COLETTE - Lausanne 1948, *Mermod*.
Trait pour Trait, par COLETTE - Paris 1949, *Le Fleuron*.
Journal intermittent, par COLETTE - Paris 1949, *Le Fleuron*.
Le Fanal bleu, par COLETTE - Paris 1949, *J. Ferenczi*.
La Fleur de l'Age, par COLETTE - Paris 1949, *Le Fleuron*.
En Pays connu, par COLETTE - Paris 1949, *Manuel Bruker*.
Chats de Colette - Paris 1949, *Albin Michel*.
Une comédie tirée de *Chéri* a été écrite en collaboration avec Léopold MARCHAND - Paris 1922, *Librairie Théâtrale*.
Une comédie tirée de *La Vagabonde* a été écrite en collaboration avec Léopold MARCHAND - Paris 1923, *Imprimerie de l'Illustration A. Chatenet*.
COLETTE a d'autre part écrit une fantaisie lyrique sur une partition musicale de Maurice Ravel : *L'Enfant et les Sortilèges* - Paris 1925, *Durand et Cie*.

Les Œuvres complètes de Colette ont été publiées par les *Editions du Fleuron*, chez Flammarion, 1950.

PRINCIPAUX OUVRAGES PARUS SUR COLETTE
nous citerons parmi beaucoup d'autres :

BEAUMONT Germaine, *Colette, Editions du Seuil*, septembre 1951.

BRASILLACH Robert, portraits : *Colette ou la sagesse de Sido* - Paris, *Plon* 1935.

CHAUVIÈRE Claude, *Colette* - Paris, *Firmin Didot et Cie*, 1951.

COCTEAU Jean, *Colette* (Discours de réception à l'Académie royale de Belgique) - *Grasset* 1955.

FILLON Amélie, *Colette* - Paris, *Editions de la Caravelle* 1933.

LARNAC Jean, *Colette, sa Vie, son Œuvre* - Paris, *Simon Krâ*.

MAURIAC François, *Sur Chéri et la Fin de Chéri*, dans la *Revue Hebdomadaire*, 19 février 1927.

REBOUX Paul, *Colette ou le Génie du style* - Paris, *Rasmussen* 1925.

TRAHARD, *L'Art de Colette* - Paris, *Jean Renard* 1941.

TRUC Gonzague, *Madame Colette* - Paris, *Corrêa* 1941.

TABLE DES MATIÈRES

CHRONOLOGIE	7
AVANT-PROPOS	11
I. — INSTANTANÉS	13
II. — PREMIÈRE FORMATION. — L'Enfance. — Sido. — Le Milieu Familial	17
III. — DEUXIÈME FORMATION. — Willy — La Métamorphose	47
IV. — LES CLAUDINES. — La mise en place du décor romancé de Colette	59
V. — DE LA VAGABONDE AUX AUTRES HÉROINES DE COLETTE. — La Vagabonde. — Le Blé en Herbe. — La Seconde. — La Chatte. — Julie de Carneilhan. — Duo. — Chéri et la fin de Chéri...............	67
VI. — LES RENCONTRES DE COLETTE les humains et les bêtes	91
VII. — L'ART ET LE STYLE DE COLETTE ..	99
VIII. — « SAVOIR VIEILLIR ». — Visage d'une Stoïcienne...................	107
IX. — COLETTE ET LA POSTÉRITÉ	125
BIBLIOGRAPHIE	131

Imprimé en France par Offset Naudeau-Redon, à Poitiers.
D. L., 1er trimestre 1963. — Imprimeur, n° 799.